JN227172

流されない心をつくる33の方法

自分のために生きる勇気

HASUNA代表取締役社長
白木夏子

ダイヤモンド社

迷い、夢見ることをはばかるな。
高い志向はしばしば
子供じみた遊びの中にあるのだ。

――フリードリヒ・フォン・シラー

自分のために生きる勇気　目次

序章

表参道とペルーをつなげる

ごく普通の私が、人生の舵を取り始めたとき

第1章

大船の舵をきる前に、小舟をおろす

「このままでいいのかな」をチャンスに変える

第2章

ゼロからでも、行動を起こす

やりたいことを見つけて近づく

第3章

心は、鍛えられる

ブレない自分をつくる胆力の養い方

第4章

ひとりでできないなら、頼る
周りの人を巻き込む方法

第5章

自分は、自分の人生の経営者

常に主体的な自分を育てる

序章

表参道とペルーをつなげる

ごく普通の私が、
人生の舵を取り始めたとき

自分のために生きるということ

「やりたいことが見つからない」
「このままで良いのか、と思ってはいるけれど行動にうつせない」
「次のステージにチャレンジしたいけれど、怖い」

この本は、そんなもどかしさを抱いている人のための本です。

失敗がこわくて動けない、他人の目を気にして思い切ったことができない、一度落ち込むとしばらく引きずってしまう、やりたいことがあるのに躊躇してしまう――。
そんな相談をよく受けます。

人生を阻むさまざまな「ストッパー」は、ただ、「あること」を知らないからうまれてくるだけです。かつての私もそうでした。

けれど、それは取りのぞくことができるのです。

私は、HASUNAというジュエリーブランドの会社を経営しています。地球から生まれた尊い鉱物を使用して、纏《まと》う人、そして作る人の心まで豊かにするジュエリーを作りたいと思い、2009年4月に立ち上げました。HASUNAのジュエリーは、主に発展途上国現地から搾取をするのではなく、正当な賃金を保証する団体・企業やNGOから買付を行うなど、人と社会、自然環境に配慮をしているため、「エシカルジュエリー」と呼ばれることもあります。このビジネスモデルを日本で初めて展開したのが、HASUNAです。

パキスタン、ペルー、ルワンダ、ベリーズ……様々な国に足を運び、現地の鉱山で働く人や職人を実際に訪問し、共に美しいジュエリーを創り上げる。手芸が大好きな普通の大人しい女の子だった私が、今や世界中の鉱山と取引をするようになりました。

起業家として会社を経営しつつ世界中を飛び回っている、というと、「もともと社交的で勢いのある人だったんでしょう」、「若くして起業して、順風満帆でここまできたんですね」と言われることが多いのですが、決してそんなことはありません。

むしろ、まったくの逆でした。

赤面症で人見知り、集団行動なんて大嫌い、チームワークなんてもってのほか。運動も友達づきあいも大の苦手だったため、運動会や遠足の二週間前から胃が痛くなる。小学校ですでに「私はどうして生まれてきてしまったんだろう」と考えこむ……。親が本気で心配するくらい、ひどく内向きの子でした。

そんな私が起業し、世界中の鉱山と取引をし、世界経済フォーラムのグローバルシェイパーズに選ばれ、ロシアで開催されたＡＰＥＣやスイスのダボス会議に呼んでいただき、大勢の前で講演をすることになるなんて、いったい誰が想像したでしょうか？


私がこの本でお伝えしたいことはただひとつ、「自分の人生を主体的に生きる」ということ。

つまり、「自分のために生きる」ということです。

「誰だって主体的に生きているに決まっている」と思われるかもしれません。

けれど私は、責任をもって自分の人生の舵をとることは、とても難しいことだと思っています。忙しい日々の中、目の前にあることをこなすだけではなく、しっかりと自分の意志を持ち、主体的に生きている、と言える人はどれくらいいるでしょうか。「こう言ったらこう思われる」と人の評価や顔色をうかがい、SNSでもリアクションを期待し、「こう思われたい」自分を演じる。このような毎日の積み重ねでは、「自分のために生きる」ことができなくなってしまいます。

主体的に生きる。

それは、世間体や他人の目を気にせず、できない理由に甘えず、環境に流されず、自分のやりたいことに真摯に進んでいくということ。それが、「最高に楽しい毎日」につながっていくこと、です。

やりたいことが見つからず目の前が真っ暗だった暗黒時代を経て起業し、売上のたたない絶望的な時間を経験し、それでももがきながら一歩ずつ泥の中を進むうちに、「あること」がわかってきました。

それは、「心は鍛えられる」ということです。

「心なんて鍛えられるの？　性格じゃないの？」

そう思われるかもしれません。

けれども、私の答えは「誰でも、何歳からでもできる」、です。お金がなくても、実績がなくても、自信がなくても、自分の頭と足、そして鍛えた心があれば、仕事もプライベートも関係なく主体性をもって生きていけるようになります。

私が経営者だから、ではなく、「誰しもが自分の人生の経営者」なのです。

この本では、その秘密をお伝えしていきたいと思っています。

『ブラッド・ダイヤモンド』の世界

レオナルド・ディカプリオ主演の『ブラッド・ダイヤモンド』（２００６年／ワーナー・ブラザース）という映画をご存知でしょうか。紛争の資金調達のために闇社会で取引されるダイヤモンドを巡る、サスペンス映画です。アカデミー賞やゴールデングローブ賞にノミネートされたこの映画をきっかけにジュエリービジネスの裏側を知った、という方も少なくないと聞きます。

しかし、これはフィクションの中だけの話ではありません。リアルの世界でも、豊かさの象徴であるジュエリーは、誰かの不幸の上に成り立っていることがあります。しかも、どれだけ調べても実態はなかなかつかめない。

なぜか。それがこの業界の「常識」だからです。まさに、ブラックボックスの中でした。

たとえば南アフリカで採掘されたダイヤモンドは、国外に出るまでに最低でも五つの仲介業者の手を介すと言われています。

鉱山労働者が鉱山の運営業者に売り、鉱山の業者がダイヤモンドを買ってくれる地域や村のバイヤーに売る。そのバイヤーがもう少し広い地域で活動しているバイヤーに売り、その人が県単位で活動しているバイヤーにまた売る。その人が国単位でトレードしている人に売る、と。

この時点で価格はどんどん上乗せされ、どの鉱山のものかあやしくなってくる。そうして国を越え、海を越え、東京の御徒町にある宝石問屋に届くまでには、もはや産地など分からなくなるのです。そこで児童労働が行われていようと、環境汚染が行われていようと、中抜きによって賃金が職人にほとんど支払われていなかろうと、それを手に取り、身に着ける人は何も知らないまま。

今や、数百円の農産物ですら産地やつくり手の顔が見える時代です。なぜジュエリーに関しては、すべてがブラックボックスの中にあって誰も疑問に思わないのか？

私たちの生活に豊かさや美しいひとときを提供してくれるジュエリー。結婚するふたりの愛の象徴だったり、親から子へ、子から孫へと継承される、とりわけこもる想いの強いプロダクトです。その素材はもとは地球に眠っていた、限りある資源。制作過程では驚くほど多くの人が携わり、職人の技で仕上げられていく。そんな大切なプロダクトを作る時には、高い倫理観を持って臨むのが当然なのに……。

そうした、業界の「常識」に疑問を持ち、覆したい一心で、いちサラリーマンだった私は起業することにしました。もちろん起業経験もなく、宝飾業界にもまったくの素人。お金があるわけでも、他の人に比べて秀でているものがあるわけでもない。文字どおり右も左もわからない状態で、「やりたい」という気持ちひとつで、日本で前例のないビジネスをつくるために、26歳で会社を立ち上げたのです。

順風満帆とはまったく言えませんでしたが、いろいろな方に支えられ、今は表参道と名古屋栄に直営店を2店舗、そのほか伊勢丹新宿本店などの百貨店にも出店するようになりました。

なぜ、普通のサラリーマンだった私が行動を起こすことになったのか。

答えをお伝えする前に、少し、私の話をさせてください。

インドの鉱山で見た実情と、優しさ

忘れもしない、短大一年生のとき。

世界140か国を紛争や環境問題をテーマに旅されている、写真家であり、ノンフィクション作家でもある桃井和馬さんの講演を授業で聞いたあの瞬間、私の人生は変わりました。ご自分の足で巡って見て撮ってこられた写真、自分の目で見たからこそ口にできる、重たい言葉。それらが伝える、今まで知らなかった世界の実情。感動すると同時に、深い衝撃も受けました。

それまで、自分とは分断された世界、テレビの中の世界のことだと思っていたエチオピアの飢餓やインドネシアの森林破壊。それが、桃井さんの写真と言葉によって、リアルに目の前のこと、隣で起こっていることのような気がしてきたのです。

実際にその場に足を踏み入れ、自分の目で見てきた人と初めて対峙したことで、見える世界が一気に変わりました。まさに生き証人と呼べるような方が「世界は危機的な状況になっている。一人一人が今すぐアクションを起こさなければ、世界は破壊されてしまう」とおっしゃっているのです。

「知らなかった、世界はそんな状況なのか。それなら、自分の目で見てみなきゃ」

なぜか私は、いてもたってもいられなくなりました。

同時に、世界に対して無知だったことや自分の生活を振り返り、反省しました。なにより、「自分にばかり興味を持っていたな」と気づいたのです。

小さいころから友達もあまりつくらず、家の中で手芸をしたり洋服やアクセサリー、オブジェをつくってばかりで、人と話すのが大嫌い。どうして外の世界に目を向けて生きてこられなかったんだろう、どうして自分の内側にばかり興味を持っていたのだろう、と。そこで一気に国際協力について興味を持ち始めたのです。

短大を卒業した後、イギリスの大学へ進学した私は大学で国際協力について学び、国連やＮＰＯでインターンも経験しました。

ただ、それとは別に、個人的に二ヶ月間インドの最貧困層の村に滞在させてもらったことが、何よりも強く私の心に刻まれました。

その村はアウトカースト、つまりカーストの身分制度からも除外されているような、ひどい差別を受けている人たちが生活している場所。そして彼らの仕事は、過酷な鉱山労働でした。

食事は一日一食、子どもたちは学校にも行けず、カースト内の人からは人間扱いもされない。本来、社会から歓迎されるべき子どもが産まれても、女の子だったら売春宿に売ってしまう。今現在でもそのようなことが日常的に行われている、日本では信じられないようなことが起こっている場所。

そのような生活を余儀なくされている方々に私たちは何ができるのか、ということを探しに行くためのホームステイのはずでした。しかし、すぐに自分の甘さを思い知ることになります。

私たちが村を回るたび、救世主が来たとばかりに大歓迎されるんです。

「私たちの生活を救ってくれるんですか？」

「お金を置いていってくれるんですか？」

「何をしてくれるんですか？」

でも、私は何もできなかった。完全に言い訳ですが、お金もスキルも人脈もない大学生です。私は何もしてあげられないし、何も持っていない。

しかし、最初は「何をしてくれるのか」と期待の目で見られていた私が何もできない存在だとわかっても、彼らは優しいままでした。日々の生活の足手まといになるだけなのに、二ヶ月の間、寝食を共にして家族のように接してもらうばかり……。

そのとき一番印象ショックだったのは、彼らの生活と私たちの生活、つまり貧困とジュエリーが結びついている、ということ。どうして世の中はこういう構造になってしまったんだろう？　そんな疑問は強烈に私の心に残りましたが、イギリスに帰ってからは鉱山労働に関して自分なりに調べつつも、行動を起こせないまま卒業を迎えることとなりました。

そして悶々とした気持で日本に戻り、まったく畑違いの不動産投資会社で社会人生活をスタートさせたのです。

国連、援助、ビジネス。自分の力でやりたいことをする

不動産投資会社でのサラリーマン生活は、とにかく激務でした。リーマン・ショック前の好景気ということもあり、終電で帰れれば良い方で、明け方タクシーで帰ることもザラ。そしてそのまま始発で出社。ひたすらに働く日々。けれど、心のどこかでは「これから、どうする？」「このままでいいの？」という疑問がずっとひっかかっていました。

いつも思い出すのが、インドに行ったときに出会った鉱山労働者のこと。目の前で亡くなりかけている人、苦しそうに働く人の顔。笑顔なく生きている子どもたち。

そういう現実を自分の目で見ているのにもかかわらず何もしていない自分、平気な顔でジュエリーを身につけている自分が気持ち悪かった。

私が行った鉱山では雲母という素材が採れたのですが、それはカメラやパソコンなどの電化製品にも使われています。今まさに仕事で使っているパソコンは、あの不幸

の輪の中にいるかもしれない。それなのに、私は何食わぬ顔で豊かな生活をしている。そんな自分が嫌で仕方がありませんでした。

「私が人生を賭けてやりたいのは、今の仕事なの？」

そうでないことはわかってはいるけれど、実際に「何がやりたいのか」、そして「やりたいことをどうやって実現するのか」という具体的な道についてまったく見つけられないまま、もやもやとした日々を送っていたのです。

ただ、毎日毎日、

「自分が行動を起こさないとあの人たちは放置されるままだ、どうして実情を見てきた私がこのまま何食わぬ顔で生きていけるのか」

という思いがどんどん大きくなっていきました。せっかく現地まで行って家族同然に生活していたのに、無視し続けるということはありえないんじゃないか、と。

けれど、自分が動いたところで何ができるんだろう、とストッパーをかける自分もいました。何か大きなことを成し遂げられるような人間でもない私に、いったい何ができるのか。きっと本当に小さいことしかない。それでやる意味はあるのだろうか。様々な葛藤が湧き、目の前が真っ暗で虚ろな日々でした。

そんなときに思い出したのが、国連でインターンをしていたときのこと。

当時私は、国連に行けば自分の理想とする国際協力ができるかも、と根拠のない希望を持っていました。実際、扱える金額も桁外れで、世界中から集まったたくさんの人が働いているからマンパワーもある。信頼もある。ネームバリューもある。

ところが、国連だからと言って必ずしも完全に「いいこと」ができるわけではない、ということに次第に気がつきました。疑問を感じることもいろいろありました。国連といえどひとつの組織なので当たり前ですが、内部の足の引っ張り合いのようなものを垣間見たりもしました。

どこにいたって、どんな素晴らしい組織にいたって、やれることとやれないことがある、ということを実感したのです。

それを思い出し、「私なんかに何ができるんだろう」と考えていた気持ちが、ふと楽になりました。

「それなら、影響力が小さくても、自分の力を100％フルに使って、本当にやりたいことを等身大でやっていくのがいいんじゃないか」、そう思えたのです。

あらためて鉱山労働の実情について調べてみると、鉱山労働で苦しんでいる人はインドだけではなくアフリカや中南米など、鉱山のある主に発展途上国の地域にたくさんいることがわかりました。子どもが働いていたり、不当に低い賃金の中で貧困にあえいでいたり、水銀で汚染されている地域で働くことで健康上の被害が出ていたり。けれど、調べをすすめていくうちに、そういう人たちに働きかけている人たちは驚くほど少ないということ、少なくとも日本やアジアの地域には皆無だということもわかってきました。

途上国に行く人は多くいるかもしれないけれど、その中でも鉱山に行く人はそんなに多くはないはず。私はたまたまそこに行き着いた。そして、村に入り、村人と話し、本当の娘のように温かく接してもらった。

それなら、私は鉱山に関り生きていきたい、と思う気持ちがうまれてきたのです。鉱山でアクションを起こしていこう、と。

心は、鍛えられる

働きながら学校に通ったり、「エシカルなジュエリーなんて絶対無理」、「命が危ないぞ」と宝飾業界の方に反対されたり、鉱山との取引がうまくいかなかったり、取り寄せた宝石がまったく商品にならないようなものだったり、キャッシュが回らず100円のパンも買えなくなったり——。

たくさんの心が折れる出来事もありました。毎日がジェットコースターのように浮き沈みばかりの日々でした。

けれど、何がやりたいかわからない、常に「ここではないどこか」を探していたころに比べれば、よっぽど「生きている」という感じがしました。そして、そのたびに解決策を見つけ、心をしなやかに強くする方法や考え方を学ぶことができたのです。

「やりたいこと」を見つけ、それに向かって行動するためにどうすればいいのか。はじめに書いたように、少しでもこの方法や考え方を、「これから」について悩んでいる方々にシェアできれば、と思い、今回この本を書くことにしました。

私はここまで順風満帆にやってきたように見られることが多いのですが、決してそんなことはありません。起業してから6年経った今も思いもしなかったハプニングがたくさん起こりますし、乗り越えなければいけない壁だらけです。経営者としてもそれなりに苦労していると思います。

けれど、私がほかの人より苦労していないように見えるのは、きっと、苦労を絶望だと思っていないから。どんな状況になっても「なんとかなるやー」と思えるよう、心を鍛えてきたからだと思います。

第1章では、「このままでいいのかな」というもやもやとした思いを、どう解決していくのか。そして、本当にやりたいことをどうやって見つけていくのか、ということを。

第2章では、もやもやの原因がわかったあとに、どのように前向きに、壁を乗り越えて行動していくのか、ということを。

第3章では、誰でも、今からでもできる、自分の人生を前向きに主体的に生きるために必要な心と胆力の鍛え方と、自分のコントロールする方法を。

第4章は、周りの人を知らず知らずにしっかりと巻き込んで、「チーム」をつくって自分のやりたいことを叶える方法を。

第5章は、自分の人生の経営者として、最大限自分の能力を伸ばし、主体的に生きていくための日常のコツを、お話ししていきたいと思います。

最初からやりたいことが定まっている人や、「こうなりたい」という姿にまっすぐ突き進める人など、実はそう多くはいません。成功している姿だけを見るとそう感じてしまうけれど、本当はそうではない。多くの起業家や夢を叶えている方にお会いして、そう気づきました。実際はみんな、迷い、捨て、決断し、行動しているのだ、と。

だからこそ私は、心を鍛えるコツを意識して進んでいけば、誰だって他人の目なんて気にせずにやりたいことを実現することができる、と思っています。

個人の資質や才能、環境は問題ではありません。何歳からでも、「今の自分」を変えることはできるのです。

この本を手がかりに、自分のために自分の意志で歩む人生の、第一歩を踏み出していただけますように。

２０１４年　３月

白木夏子

第1章

大船の舵をきる前に、小舟をおろす

「このままでいいのかな」を
チャンスに変える

満たされていない
ところに、
脱皮のチャンスはある

もどかしさを、「やりたいこと」への発火剤に変える

「何がやりたいんだろう」。そんな思いに鬱屈としていた最初は、ジュエリーで、しかも起業なんて考えつきもしませんでした。募金や寄付という方法、ソーシャルファイナンスという道も考えましたが、どれもしっくりこない。

上場企業で働いている。

安定したお給料をもらっている。

家族がいる。

スキルもお金もない……

動かない理由はたくさんありました。

けれど、いざ自分の命が消える最期のとき、ベッドの上で命を終えるときを想像してみたとき、今のもやもやしたもの抱えたままで、「良い人生だった」と言えるのか。その瞬間は50年後かもしれない、30年後かもしれない。けれど、1年後かもしれません。いつになるかはわからないからこそ、少し前のめりくらいがちょうどいい、と思

ったのです。

短大でフォトジャーナリストの桃井和馬さんの講演を聞き、世界中の環境問題や紛争についてひどく衝撃を受けた私は「国際協力を学ぶ」という目標を持ち、必死に英語を勉強してなんとかイギリスの大学に進学することができました。

学生時代は希望どおりみっちり国際協力について学びました。しかし、卒業して就職先として選んだのは、国際協力とはほど遠い日本の不動産投資会社。

なぜかといえば、それまで国際協力の世界ばかり見ていたけれど、卒業時に具体的にやりたいことを見つけられていなかったから。ただ、世の中を動かすのはやはりビジネス、という確信を持ち始めていました。

それなら、まずはビジネスの世界に入ってみよう、と思ったのです。万が一、そこで生きがいを見つけることができたなら「それならそれでいいや」という気持ちでした。その程度の気持ちだったらやらない方がいい、と。

そして入社。好景気の中、仕事は扱いきれないくらい膨大にありました。毎日くたくたになるまで早朝から深夜まで働いて、大きなお金が動いて、投資を成功させたお客様に喜んでもらえる。そして自分も、リターンとしてお給料をいただける。

はたから見れば充実した仕事だったかもしれません。けれど、私にとってはそうではなかった。ずっとずっとうしろめたい気持ちを胸に抱いていました。

毎日のように頭に浮かんでくるのが、インドの鉱山労働者の人たち。働いているのに苦しい生活。笑顔なく生きている子どもたち。

「このままこの会社で働いたところで何になるのかな」

「お金を稼ぐといっても、ビル・ゲイツみたいに寄付ができるわけではないし」

けれど実際、何をして良いかまったくわからなかったし、自分にできることもわからない。「どうすればいいいんだろう」と思いつつ、朝も夜も関係ないような忙しさの中でなかなか答えを出せない。

ただ、この「気持ち悪さ」を抱えたまま生きるのはあり得ない、と強烈に感じていました。

「なにかアクションをしていれば、何らかの答えは見つかるはず。まずは動いてみよう」

何ができるか、何がしたいか、何に人生を賭けたいか、どう生きたいか。

「このままでいいのだろうか」

そう思うとき、それは脱皮のタイミングのはず。

「もどかしいということは、前に進むときなんだな」そう考えると、もやもやしたものを抱えた時間はとてももったいないものに感じられたのです。

「このままでいいのかな」を「じゃあ、どうする?」に

決断次第では、あのまま投資ビジネスの世界で働き続けていたかもしれません。けれど、今、そうでなくて本当によかった、と思えます。たとえ失敗していたとしても、まったく後悔していないでしょう。

大切なのは、心に引っかかっていることに、ふたをしてしまわないこと。目をつぶらないこと。

私の周りにも会社でバリバリ働くことが一番幸せという人もいますし、海外なんて興味ない、という人もいます。仕事より家族の時間が何より大切という友人も、もちろんいます。

それは本当に人それぞれで、口を出すべきことでもないし、押し付けるべきものでもありません。

なによりも大切なのは「自分にとって」どうか、ということです。

「このままでいいのかな」。日々忙しく、または何となく過ごす中でこんな思いが心に浮かんできたとき、あなたはどう考えるでしょうか？　仕事がつまらない、やりたいことじゃない、将来のビジョンがない、目的なく生きてしまっている……そんな風に感じる自分や日常を「ダメ」「甘えている」「逃げている」と思ってしまってはいないでしょうか？

私は「ダメ」だなんてとんでもない、と思います。この思いこそすべての始まりだ、と。

毎日が満たされていて、やりたいことができていて、なりたい自分になれていたら、こんな思いは抱かないはずです。その思いに気づいているのに放置する方が、よっぽど「よくないこと」ではないでしょうか。

「このままでいいのかな」という思いは、今の状態ではいやだと思っている、ということに気づくチャンスだととらえることができます。

そしてそれは、「じゃあ、これからどうしよう?」と一歩目を踏み出すチャンスでもあるのです。

迷い道は、何かを見つけているということ

もやもやを抱えているとき、私の大好きな絵本、『ぼくを探しに』(講談社／シルヴァスタイン著)を思い出しました。

もともときれいな円形をしていた「ぼく」。けれど、ケーキの一カット分くらい、自分の一部が欠けてしまった。この欠けている部分を探す旅に出る、という話です。花を見たり蝶々とお話したりしながらのんびりと進みながら、その道中で見つけた小さな石をはめてみたり、四角いかたまりをくわえたりしつつ、「これじゃないなあ」と探しつづける。

そして、ついに「ぼく」は自分のかけらを見つけます。それを嵌めると、また、きれいな円に戻ることができました。

けれど、きれいな円形に戻った「ぼく」は、すごいスピードで転がり始めます。そ

して、転がるスピードが速すぎて、今まで見えていた道端の花やミミズが見えなくなってしまったのです。

そこで、「ああ、ぼくは欠けたままでいいんだ」と気づく、という話です。

自分が欠けていてもいいし、回り道、迷い道をすることは、何かを見つけることなんだ、というメッセージを思い出した私は、はたと気づきました。「迷ってブレていいんだ」と。

実際、「ジュエリーで起業」という道ができるまでは、さんざん迷ってさんざんブレてきました。

けれど、それがすべて今の自分の身になっています。

何かを決めかねているときも、進む道がわからなくなったときも、「今、何かを見つけている最中なんだ、だから安心して迷っていいんだよ」と「ぼく」が教えてくれたのです。

人によって、「失敗」の定義は違う

「そんなの常識じゃないか」に負けない

鉱山でアクションを起こそうと決めた私は、まず、「産地のわかる石」を探して御徒町にある宝石問屋街の店をひとりですべて回ってみました。御徒町は宝石業に従事しているパキスタン・インド・スリランカなど、様々な国の人が入り交じって独特な雰囲気を醸し出す、東京・上野にほど近い町です。その中を、産地がわかる石を求めて一軒一軒、すべてのお店に聞いていきました。最初は「せめて一軒くらいは、採掘された鉱山を把握している店もあるだろう」と思っていましたが、私の甘い考えはばっさりと切り捨てられたのです。

「どの鉱山、またはどの国から来ているかわかる石はありますか？」

そう聞くと、必ずきょとんとした顔をされるのです。

「わからないよ、そんなのわかるはずがない」

「どうしてですか？」

「なぜって……そういうものだからだよ。鉱山がわからないのは、常識じゃないか」

と、すべての問屋で一蹴されてしまったのです。そして、「鉱山のわかる宝石を探すなんて無理なんだから、早いうちに諦めた方がいい」と優しくアドバイスまでされる始末。

結局そこでは何も得ることができず、とぼとぼ帰りました。

意見をくれる人はたいてい、悪意ではなく善意で言ってくれています。本当に「正しい」と思っているから、心配もしてくれる。

けれど、その人の「常識」が、あなたが自分の人生を生きる上で妨げになることがある、ということはこうした経験から強く学びました。

思い返せば、私は小さいころから親には「弁護士や医者になれ」と言われてきましたが、そう教えられれば教えられるほど、「仮に勉強がうまくいってそうなっても、果たしてそれは『私の幸せ』なんだろうか」と考えていました。御徒町での経験を経て、今ならこう言えます。「正解はわからないから、自分で決めていこう——」。

「それは、その人の主観でしかない」

「素人がジュエリー業界に個人で入るなんて、絶対に無理」

鉱山と直接取引し、人と自然に配慮したジュエリーブランドというHASUNAの構想を相談しても、そう返されるばかりでした。

実際、ダイヤモンドはユダヤ人のネットワークの中で売買されているので、そこに入るのは難しいとされていました。金融やダイヤモンドは昔からユダヤ人が握っているから、日本人は入る隙間がない、と。ジュエリー業界に数十年いる方でさえ、ユダヤ人のネットワークについてはまったく把握できない、とおっしゃるのです。世界中にいるユダヤ人たちは大きなネットワークを持っていて、採掘されたダイヤモンドがどこで高く売れる、というような彼らだけが持つ情報網があるとも言われています。

それならば、ネットワークに入らずして買い付ける方法を探すしかない。

そう思ったのですが、その構想を誰に話してもまったく相手にされません。

「やめろ、マフィアとつながっている可能性もある。危険なことをするな」

「悪いダイヤをあなたにつかませることなんて、赤子の手をひねるよりも簡単だ」

それはそうだな、と思いました。けれど、誰もしていないのならなおさら、やってみなければわかりません。

「みんなやらずに無理といっているだけだから、搾取はなくならないんだ。最初から誰にでもできることをやってもしかたがないし、やれば道はひらけてくるだろう」

と半ば楽観的に行動を起こしてみました。

すると、後で詳しくお話ししますが、ちょっと踏み込んで情報を集め、実際に行動を起こしてしまえば、思ったよりも簡単にHASUNAのビジネスモデルをつくることができたのです。ユダヤ人のネットワークに入らなくてもクオリティの確かなダイヤモンドは調達できましたし、もちろん、今のところ命の危険を感じたことはまったくありません。

万一アドバイスを無視して失敗したとしても、たいていのことは取り返しがききます。一回失敗したらもう終わり、ではないのです。海外では、「昔ビジネスをやっていて、会社も3、4社立ち上げたんだけど失敗しちゃったんだ」と笑い飛ばしてしまうような人が結構いて驚きましたが、見えないだけで、たいていの人は、人生の中で大きくも小さくも何度か失敗しています。ましてや世界で活躍している起業家、例えばスティーブ・ジョブスの失敗の数や大きさは想像を絶するものです。それに比べれば私の失敗なんて、と開き直れます。ダボス会議でお世話になっている齋藤ウィリアム浩幸さんも、ご自身の著書（『ザ・チーム』／日経BP社）の中で「失敗をしたことは挑戦をしたことの証である」とも書かれています。ご自身も多数の失敗をされてきたそうですが、それをバネに現在は大成功され、若い起業家が成功するための支援をされています。一年に何百名という成功している経営者に会いますが、失敗は勲章だとも思えるくらい、必ず沢山の失敗を経験しそれをバネにしている。

失敗してもなんとかなるさと余計な力を抜いて自分の主観を大切にしていけば、結果はついてくるはずです。

究極的に何を失敗とするか

ただし、大切なのは、自分の価値観をしっかり理解しておくこと。

会社にちょっとした不満があってもお金をもらえるなら我慢できるのか？　生活が

安定していて豊かに暮らすことが一番重要なのか？　それはその人の価値観です。そこを冷静にジャッジできないと、失敗すること以上に後悔することになってしまいます。

私は学生のときバックパッカーで一日150円の安宿に泊まりながら貧困層の村を回っていました。最初から最後まで常に体調を崩しているような環境でしたが、そんな経験から、思わぬプレゼントがありました。それは、「開き直り力」です。

「一文無しになってしまったら、いざというときにはインドの農村に行って暮らしても、とんでもない僻地で暮らしてもいいや。地球の上ならなんとかなる。そこで自分なりに生きて、自分なりに仕事をつくっていけばいい」

そう自分を追い込まずにいられる、強い力です。一日150円で泊まれるところはあるし、生きようと思えばどこでも生きていけるし、「ここ（日本や今の会社）しかない」ことは決してないはずです。

リスクはゼロではないけれど、自分がやりたくないことをしながらお金をもらってなんとなく生活を送るのは、失敗することよりもずっといやだ。

それが私の価値観でした。

もちろんインドでの生活が耐えられない人もいるでしょうし、安定を生きたい人もいる。私だってお金はないよりあった方が嬉しいです。けれど、それが一番ではない。究極的に自分は何を必要としているのか。人生の岐路に立ったときのために、これをきちんと見定めておく必要があります。

世間体や他人の目は、「自分」がつくっている

世間体に実体はない

ただ、短大までの私だったら、一歩を踏み出すことはなかったかもしれません。

イギリスの大学に進学したとき、私の人生のフィールドは爆発的に広がりました。小中学校で実家の小さな部屋から一宮市に、高校進学のときに一宮市から名古屋市へと広がり、さらに名古屋市から地球規模に。「これが自由か」と愕然としました。

最初に気づいたのは、人の見た目や文化、宗教でさえ、人間関係を構築する上では何の意味もない、ということ。ロンドンに住んでいる人の半分以上はイギリス人ではありません。とんでもないマルチカルチュラルで、さまざまな人たちが、アフリカ、中東から南米、アジアから来ていて、価値観がてんでばらばらなのです。肌の色も、言語も、食べ物も、ファッションも、ヘアスタイルも、信じる事も、嫌いなことも。だから、いちいち差異を気にしていたら、誰とも話せなくなってしまう。

人に気を遣って自分の意見をオブラートに包みながら言っても何も伝わらず、マルチカルチュラルの中で空気のような存在になってしまう。

誰かに従ったり、顔色をうかがったり、意見をあわせて言ったりすることはまったく意味がありません。ディスカッションでも相手の話にうなずいているだけではダメで、自分の考えを主張していかないと、「この人はバカなのか」と思われる。

ファッションだって自由。ロンドンの街の真ん中で自分の国の衣装を着ていても、誰も変だと思わない。アフリカのマダムが自国のカラフルな民族衣装を纏い、子どもたちを引き連れて堂々とオックスフォードストリートを歩いている姿はかっこ良すぎて惚れ惚れします。それぞれの多様性を認める雰囲気がそこには色濃くありました。

「人の目なんて気にしなくていいんだ」。そう実感して、私の肩の力は一気に抜け、今まで縛られていた意味のないしがらみを、はじめて断ち切ることができました。

「他人」というのは自分の心の中にいた架空の人物で、実はどこにもいないのです。

世間体は、面白いことに、自分が意識しなければ存在しないという、ちょっとお化け的な存在です。世間体をつくり出しているのは結局、自分に他ならなかったのです。

人は自分が思っているよりも、自分に興味はない

私はかつて赤面症だった、と先に書きましたが、これはまさに「自意識」をこじらせた結果の症状でした。他の人が自分をどう見ているか、どう評しているか、そればかりが気になっていたのです。

しかし、イギリスに行ってからは不思議と赤面症もおさまっていきました。

留学中に見つけた、考え方のコツのお陰です。

それは、「人は自分が思っているよりも自分に興味はない」ということ。

いろいろな視線、評価、評判、噂話に振り回されてしまいそうになったとき、折れそうになったとき、心の中で何度も唱えてください。「大丈夫、私が一番自分に興味がある」と。実際、自分自身を振り返っても、よほど関係が近かったり注目していたりしない限り、他人に強く興味を持つことは稀ではありませんか?

肩に力が入ってしまったときには、「自意識過剰だよ」と自分に笑ってあげる余裕を持つことで、いつもどおりの落ち着きを取り戻せるようになりました。こうしてカメラのアングルを自分に戻してあげるのです。

「自分の軸」は、
「遊び」の中にある

子どもじみた遊びが人生を変える

鉱山に目を向けた私が、なぜジュエリーで起業したか。そこには私の原点があったから、です。

『迷い、夢見ることをはばかるな。高い志向はしばしば子どもじみた遊びのなかにあるのだ』

ドイツの詩人、シラーのこの言葉は私の座右の銘です。

「遊び」というのは本当にすごい力を持っています。遊びとは、誰に言われるわけでもなく、ただ好きではまって没頭できるものです。

実は、私がジュエリーやアクセサリーを作って売り始めたのは、HASUNAが初めてではありません。大学時代、簡単なWebショップを立ち上げて自作のアクセサリーを販売していたのです。世界中を旅する中で見つけた面白い素材や、その国でしか売っていないビーズを使用して、イヤリングをつくって販売する。

ほとんど趣味でしていたことなので利益は出なかったのですが、それでも自分で作ったものを人が身に着けてくれることが本当に嬉しかった。それに、傑作が出来上がった時の満足感は凄まじいものでした。ましてやそれに対して誰かがお金を払ってくれるなんて、素晴らしいことだと思いました。ドキドキしながらショップをオープンさせて、はじめて注文が入った時のことは今でもはっきり覚えています。その時は、まさかこれが自分の仕事になるなんて思ってもいなかったのですが。

「遊び」は偉大です。仕事につながる可能性も、一生を変える可能性もあります（ちなみに、「小さいころに我を忘れて没頭する経験は重要だ」という主張は、脳科学的にも実証されているようです）。

「遊び」の中身は十人十色です。人の面倒を見るのが好きだった、おしゃべりが好きだった、新しいものを見ることが好きだった、なんでもよいのです。

何にしても、小さいころ没頭していたことって何だろう、とずっと考えていくと、次第に自分のいちばんピュアな、根本のやりたいことに行き着きます。

ためしに今度の休日、かつて没頭したことでまた遊んでみてください。自由に、人の目を気にすることなく。きっと「楽しい！」となるはずです。それが自分の原点にある「高い志向」のみなもとなのです。

原点は、何か？

先にも書きましたが、私はひどく内向きで大人しく、「どうして生まれてきたんだろう」とふさぎこんでいる子どもでした。

そんな私が唯一のびのびとできたのが、実家の小さな部屋——「夏子の部屋」の中。鉱物図鑑や古代生物、深海魚の図鑑を見ては、その美しさやユニークな生態系にほれぼれする。

宇宙の図鑑を読んでは、雄大な時間の流れと空間の大きさに自分の小ささを感じる。百科事典をはじめ、祖父が収集していたたくさんの本を読みあさり、祖母が見せてくれる色とりどりの宝石にうっとりと心を奪われる。

母から分けてもらう好きな布で洋服をつくり、好きな石でネックレスやイヤリングをつくってひとりパリコレごっこ。フランスのモンマルトルの丘にいる自分を心の中に想像しながら白いキャンバスに絵を描きパリの芸術家気分、紙粘土や彫刻刀を手に取れば、気分は古代ローマの彫刻家——。

学校ではほとんど話さず、時間が過ぎるのをとにかく待っているだけ。けれど、学校から帰り、部屋にとじこもってアクセサリーをつくっているとき、いろいろな図鑑を見ているとき、私は自由でした。

何ができるか、何がしたいか、何に人生を賭けたいか、どう生きたいか。

鉱山という原点を胸に考えていたとき。ふと「夏子の部屋」を思い出しました。そのまま小さいころを回想していくと、祖母が見せてくれたネックレスが目に浮かんできました。

「夏っちゃん、見て」と手にはかわいいハート形の小さなロケットネックレス。少し恥ずかしそうな表情を浮かべた祖母がぱかっと開くと、中に祖父と祖母の若かりし頃の写真が入っている。

「ああ、おじいちゃんがプレゼントしたジュエリー、おばあちゃんは何十年も大切にしてたなあ」と懐かしさがこみあげました。そのとき、ぱちっとパズルがはまった。

私がやるべきは、これなんじゃないか、と腹に落ちたんです。

小さいころからモノ作りが好きで、鉱山の実情を目の当たりにしていて、大学で国際協力を勉強している——。私にできることがきっとある。
私がたどってきた道を歩んでいるのは私しかいない。私は私のやり方でやってみよう。「不幸を産まない、むしろ幸せしか生まないジュエリーブランドをつくる」と起業を決意しました。

諦めたことに、もう一度挑戦する

「子どものころ没頭したもの」と言われても、はっきりと浮かばない人もいると思います。最近は習い事が増えたり、兄弟が少なくなり親が相手をすることが増えたから、ひとりで何かに没頭してとことんはまるような子どもが減ってきている。だから、大人になったときに自分探し病になってしまう、と本で読んだことがあります。

そんな人はどうしたら良いのでしょうか？

今から新しいことに没頭しろ、無邪気に遊べ、と言われても難しい。新しく始める趣味の中で見つかればいいのですが、なかなかそうもいかない。

そんなときはやはり、小さいころに帰るのがひとつの方法だと思います。

ただし帰るのは、かつて没頭したことではなく、やりたかったけれどできなかったこと、興味があったけれど親に反対されたこと。それは根本の欲求に近いものだと思うのです。

「やってみたかったけど親に反対されてできなかった」

「絶対ダメと言われるから言わなかったけど興味があった」

「引っ込み思案だから言い出せなかった」

そんな記憶を引っ張ってきて、突き詰めて、突き詰めて考えると、「やりたいこと」に行き着くかもしれません。

大船の舵をきる前に、まずは小舟をおろせばいい

勇敢と無謀をわきまえる

自分の「やりたいこと」を突き詰め、小さいころの原体験に戻り、「人と地球への尊厳ある美しいジュエリー」に行きついたとき、それまでくすぶっていた私の思いは大爆発しました。「これだ！」と勢い込み、「絶対にいける」という自信に満ちあふれていました（もちろん根拠なんてこれっぽっちもなかったのですが）。

いますぐ会社の形にしたい。早くビジネスにして回したい。人が感動するようなジュエリーをつくりたい。ジュエリーを身につけた人の笑顔が見たい。鉱山労働者を笑顔にしたい。世界の常識を変えたい。そういう衝動に包まれていました。

しかし、ふと立ち止まりました。「このますぐに次のステップに挑戦する、その行動力は果たして『勇敢』なのか？　『無謀』なのか？」

よくよく考えれば、今の自分には武器も、ツテも、知恵も知識もない……。ただ「仕事辞めました！　これから頑張ります！」と言っても、いったい何をすればよいのか。

冷静に考え、今飛び出すのは「無謀」だ、と判断しました。では、どうするか。考えた結果、「やりたいことをすぐにできるような力を身につけてから、次のステップに進めばいいじゃないか」と気づきました。戦える武器、ステージを自分で用意してから、大きく舵をきれば良いじゃないか、と。

私はそれを「小舟をおろす」と呼んでいます。小舟ならば小回りがきくし、「あ、ここではダメだな」と気づけたら大船に戻れば良い。

私の小舟での出航は、まず、働きながら夜間に通えるジュエリーの学校に申し込んだこと、でした。リーマン・ショックのあおりで仕事が一気に減ったことで、仕事の終わり、夜間で通えるくらいの時間ができたことは偶然にも幸いでした。

ジュエリーの知識をしっかり詰め込みつつ、事業計画を練ったり収支計画を作ったりと起業の準備に奔走していましたが、ひとつ問題がありました。素材の調達です。安全な環境で採掘され、しかも生産国のわかる素材を探そうにも、素人の私にはどうやって探せばいいのかさっぱりわからない。

そこで、友人や先輩、留学時代・国連時代の知り合いに徹底的に連絡をとり、やろうとしていることのコンセプトを伝えてお願いしました。「鉱山の情報を持っている人を紹介してほしいんです、どんな情報でも構いません」。藁にもすがるような思いでしたが、しばらくすると、少しずつ蒔いた種に芽が出始めました。

友人から、「ベリーズで青年海外協力隊として活躍したあと、現地の男性と結婚してそのまま住んでいる友人がいる」と連絡をもらったのです。すぐに紹介してもらい、コンタクトをとりました。彼女と話している中で「知り合いに貝を研磨する職人がいる。彼はとても高い技術を持っているのにもかかわらず、中間業者に搾取され生活に困っている」と言われたのです。それは、まさに私が解決したいこと。

「ぜひ私と取引しましょう！」

こうして、ベリーズの貝の取引を始めることになったのです。

同時に、少しでも情報をわけてほしいと海外のエシカルジュエリーを扱っている企業や個人に片っ端から問いあわせをしていきました。もちろん、まったくツテはありません。けれども、無視されても私に失うものはなにもない。可能性があることは全部やろう、と世界中にメールを送っていったのです。

最初はドキドキしながら送信ボタンを押しました。けれど、何日たっても、一週間たっても返信はない。毎日「今日こそは」と思ってパソコンを立ち上げては、へこむ。その繰り返しでした。しばらくして、「ずっとメールボックスを気にしていても結果は変わらない、まずは自分でできることからやっておこう」と気持ちを切り替えていきました。結果的に何十通送ったか把握できないほどでしたが、とにかく「下手な鉄砲も数撃てば当たる」の精神でした。

こうしているうちに、１通、２通と鉱山の情報が寄せられるようになったのです。

最初から大きな行動を起こさなくても、0.5歩でも、ほんの少しでも、小さな行動を確実に積み重ねる。

なるべく「無謀」にならない「挑戦」を重ねていったのです。

知ってもらわなければ存在しないことと同じ

まずはお客様をつくらなくては。

そう思い、私はｍｉｘｉやブログなどインターネット上で発信しつづけました。世界にたったひとつだけのオーダーのジュエリーを作りませんか？　世界中の鉱山労働者や生産者と共に、心をこめておつくりします、と。

インターネットの場で発信するのはタダですし、なにより働きながらでもできます。私という存在と、私がしようとしていることを知ってもらうことが第一歩です。知ってもらわなければ、興味を持ってもらわなければ、いないことと同じだ、と必死でした。


ひたすら発信を繰り返すうちに、「興味がある」「面白い」と言ってくださる方が少しずつ現れてきました。私の発信に対して、無視せずに共感してくださる方がいる。少しずつ手応えを感じるようになりました。

そして、ぽつり、ぽつりではありましたが、注文をいただくようになったのです。

そのときはただただ、自分のつくったものが誰かの手にわたることが嬉しくて仕方がありませんでした。会社が終わったあとにご注文をいただいた指輪をつくっていたので、睡眠時間は二、三時間がいいところ。しかし、アドレナリンのようなものが出ていたのでしょうか、眠れなくともまったく苦ではない。それどころか楽しくて仕方がありませんでした。

「ジュエリーでいこう」と決めてから、週末と仕事のあとに起業の準備をする、という二足のわらじ生活をおよそ一年間続け、素材やチーム、事業計画など、「よし、これで最初の一歩を踏み出せる」と思い、会社を辞めることにしたのです。

「これからどうしよう」「このままでいいのかな」と思っている人にとって、小舟作戦はとても有用です。向いているかどうか自分を試すこともできる。本当にやっていけるかという不安もある程度消すことができる。

そして何より、何も失わないままチャレンジする経験ができるのです。

すべては、
ゼロからはじまる

今できなくても、チャンスを逃さない

「今は」たどりつけなくても、これくらい努力したらこれくらいで行けるかな、と成長の見込みを考えて、それに沿って行動する。

それは「楽観的に努力しつづけられる」原動力になります。

HASUNA立ち上げ準備をしているまさにそのとき、社会起業家のジョン・ウッド氏の講演会に行く機会がありました。彼はもともとは米マイクロソフトで働いていた方で、途上国の教育機会を支援する組織「ルーム・トゥ・リード」を立ち上げた、私が尊敬する人のひとりです。

講演会が終わりにさしかかり、質疑応答に入ったところで私は手を挙げました。どのような質問をしたのか正直なところあまり覚えていないのですが、その中で「エシカルなジュエリーブランドを作ろうと思っている」と話したところ、講演会が終わったあとにとある女性が近づいてきてこう言いました。

「実は、そういう婚約指輪を探していたんです。夫と世界一周旅行をする中で鉱山の

実態について耳にすることがあって、『自分の幸せの裏に悲劇があるなんて嫌だね』と話していました。ぜひ、私たちの指輪を作ってください」

まだ会社にもなっていない。実績もない。ちゃんとしたものができるかもわからない。それでも私の思い、コンセプトだけに共感して、その方は一生ものの指輪をゆだねてくださったのです。嬉しくて嬉しくて、「はい！　正直まだ作ったことはありませんが、トライしてみます」とすぐに返事をしました。

ただ、コンセプトに共感してもらったといっても、あくまで「まだやったことがないこと」です。それを形にしていかなければなりません。しかも、彼女の期待を超えるもので。

「御徒町ではできないと言われた。けれど、やってみなければわからない」

しかし、知り合いのダイヤモンドのディーラーにこの話をすると、「産地が分かる、しかもエシカルなダイヤなんてないよ」とあっさり言われてしまったのです。ひとつくらいはあるだろう、とどこかで思っていた私の希望はすぐに打ち砕かれましたが、そんなことは言っていられません。約束した以上、なんとかしなければならない。

「できないはずはない」

そう思い込みながら、自分で探すことにしました。

必死であらゆる情報を集めていると、ちょうど知り合った方から「それならここのがいいよ」とカナダ産のダイヤモンドに関する情報を教えてもらえたのです。カナダのどの鉱山で採掘されたのかカナダ政府の認証がついていて、また、不当労働や環境破壊がないのかすべてわかっている、正真正銘彼女が求めていたダイヤモンドです。

「よかった」、ほっと息をつきました。まだ会社もなく個人取引になるため、最初は取引してもらえるか心配でしたが、なんとかOKの連絡をもらえました。

「ムリ」を乗り越え、はじめての商品を完成させることができたのです。まだ見ぬ鉱山の方々にも、私がお支払いしたものが届く。自分のやりたいと思っていることの意義をあらためて強く感じました。

こうして、初めてのお客様にジュエリーを手渡すことができたのでした。お渡ししたお客様には「ダイヤモンドの入った婚約指輪をもらうのが夢でした。でも、その裏に何があるのだろうと思うと怖くて買えずにいて……。その夢を実現してくださって本当にありがとうございます！」と心から喜んでいただくことができ、私も感動して思わず涙が流れました。

父がくれた、3つの約束

父の反対とメール

起業するとき、私も新しい一歩を踏み出す多くの方と同じように、両親に反対されました。一人っ子だったために家族の期待が自分ひとりに集中していたのですが、その娘がまさかの起業。家族の驚きは相当だったようです。

留学が終わって企業に就職するところまできた、あとは適当な年齢で結婚して幸せに生きる、という道を想像していたのでしょう。親も安心しかけていた、26歳のときでした。

「もうすぐ30になるというところで、結婚もせずに起業するなんて……もう少しよく考えたら？」

と母には言われ、父には、

「人様に迷惑をかけてまでやることなのか」

と大反対されました。どうやら、出資していただいたりお金を借りたりしなければ起業できないという知識はあったため、自己破産や借金苦など、ネガティブなイメージが強くあったようです。

こうした反対に対し、私はただただ説得しました。

これからたくさんの方々を巻き込んでいかなければいけないのに、いちばん身近な人を味方につけられなければダメだという気持ちもありましたし、やっぱり家族には応援していてほしい、という気持ちも強かった。振り切る、という選択肢はありませんでした。

「一生のことだから、一回の人生だからどうしても挑戦したい。三年やってダメだったら諦めます。だから、一度やらせてほしい」

そう泣きながら説得して、本当に渋々納得してくれました。


それからしばらくして、ふとメールの受信箱を見ると、父からメールの着信が。なんだろう、まだ反対してるのかな、と思って見てみると、このようなメッセージが届いていました。

「やるんだったらきちんとやりなさい。応援しています。けれど、この3つは必ず守りなさい。

ひとつめは、サラ金には手を出さない。

ふたつめは、分不相応なことはしない。

そしてみっつめ。首が回らなくなったらいつでも帰ってきなさい」

涙が出ました。お父さんとお母さんの望み通りの人生を歩めなくて、ごめん。けれど必ず「よかった」と思ってもらえるようにがんばるから、と。

第2章

ゼロからでも、行動を起こす

やりたいことを見つけて近づく

追いかけられる
夢があるのは、
何よりの価値

夢があることは誇らしいこと

やりたいことが見つかっているということは、それだけでずいぶん幸せなことです。だからこそ、将来的に私が失敗したとしても、一歩を踏み出したいという人を全力で応援する大人でありたい。

そう思うようになったのは、会社を辞めます、と上司に伝えたときでした。

卒業して初めて入った会社ですから、もちろん辞意を伝えるなんて人生で初めての経験です。上司を呼び出したときはとても緊張していました。自分で決めたことだと腹をくっていても、「一緒の道を歩めなくて申し訳ない」という気持ちはどうしても消せるものではありません。

自分の心臓の音がを聞こえるような気がしながら、

「この会社を辞めたいと思っています。私の本当に好きなこと、やりたいことが見つかったんです。ジュエリーで……児童労働もない、搾取もない、環境にも優しいジュエリーで起業したいと思っているんです。すみません」

と告げました。すると、予想もしていなかったのですが、その上司はとても喜んでくれたのです。「おめでとう、それはよかったわね！」、と。

わかった、でも頑張れ、でもなく、よかったわね、という言葉。これが深く胸に刺さりました。

金融の道でずっとバリバリと、キャリアウーマンの先駆けとして働かれていた女性の上司でしたが、違う道に進もうとしている私の夢をすぐに理解してくれて、背中を押してくれた。

それだけでなく、自分ではない誰かに夢が見つかったこと、そしてまだ叶ってもいないことを、それが見つかっただけで「おめでとう」と言える、自分のことのように喜んでくださるということにその上司の懐の深さを見たような気がしたのです。

「人手が足りてないときに会社を辞めるのが申し訳ない」

「可愛がって育ててもらったのに袂《たもと》を分かつのは気が引ける」

「逃げていると思われるのではないか」

といった理由で行動に移せない人の相談を、私も何度か受けたことがあります。その優しさや責任感はすばらしいことですし、日本の会社を回している大切な原動力だとも思います。

しかし、そういう風に気を遣って人生を終えてしまうよりも、やりたいことを見つけたならそこに向かって進んだ方が相手も嬉しいはず、と割り切って考えてみる。自分に「おめでとう」と言ってみる。「自分はこういうことがしたいんです。だから応援してください」、と伝える。それは、申し訳ないことでも悪いことでもないのです。

どうしてもそう思えない、という人は、この言葉を頭に繰り返してください。「上司や会社に気を遣ったからといって、一生面倒を見てもらえるのか？ その人は自分を一生、幸せにしてくれるのか？」、と。

無視する勇気を持つ

「申し訳ない」という気持ちや「陰で何と言われてしまうだろう」という恐怖が心に満ちてしまうとき。そんなときに覚えておきたい、我が道を行くための言葉が「一生面倒を見てもらえるのか？ その人は自分を一生、幸せにしてくれるのか？」に加え、もうひとつあります。それは、

「私はこの人のために生きているわけではない」

という言葉です。

少し薄情に聞こえるかもしれませんが、決してそんなことはありません。

私たちは会社のために生きているわけでもなければ、他の人のために生きているわけでもありません。反対者ひとりひとりに自分の夢を納得してもらわなくても構いません。自分の人生を生きるためには、自分の選択を貫くしかないのです。

「やりたいことを見つけた」という権利を手に、自分の土俵で一世一代の勝負をかける。それでじゅうぶんにん孝行しているのではないでしょうか。

世の中のたいていのことは、誰かが知っている

発信しなければ、自分の核は見つからない

会社とHASUNAの二足のわらじを履く中で、私はとにかく自分のビジョン、やりたいこと、できることを発信していきました。SVP（ソーシャルベンチャー・パートナーズ）という団体では起業家志望の卵を呼んで講演させてくれるのですが、そういったところで自分のやりたいことを話す機会をいただいたら積極的に活用して、より多くの方に「伝えよう」と努めていました。

「それ面白いね」

「もっとこうしたらいいんじゃない」

といったアドバイスをくれる人たちがたくさんいましたし、いただいた意見をかみくだいて納得したうえで取り入れることによって、事業計画も、そもそも自分が本当にやりたいことも、どんどん磨いていくことができたからです。他者の目によって魅力的な部分を引き出していただくことができました。

「確かにやろうとしていることはソーシャルベンチャーではあるけれど、デザインも

素晴らしいし、しっかりマネタイズできそうだから、普通の起業としてのポテンシャルが高いよ」

そう背中を押していただき、「日本では誰もやっていないことだし、なんとかやっていけそうだ」と次第に起業の計画を確信に変えていくことができたのも、「ぜひ力になりたい」とボランティアで起業準備を手伝ってくれた人たちを見つけられたのも、発信し続けていたからです。

やりたいことを見つけるために最初にしなければならないのは、自分の一番光るところを、余分なものを削ぎ落としながら見つけていくこと。けれど、本当にやりたいことはこれだ、というひと握りの部分は、自分から発信して、誰かに話して、それを客観的に意見してもらわないとなかなか見つかりません。大きな原石から本当に光るダイヤモンドを削り出すように、叩いて、削ってもらってようやく見つける事ができるのです。

だから、人に話す。中途半端であっても、青臭いと思っても、です。

そもそもその光る部分があるかどうかを見つけたり、本当に寝る間を惜しんで、楽しみながらできるか実感したり。最初の一歩として、発信することによってこれを見定めていくことが大切です。

一流になるため、大風呂敷を広げる

ＨＡＳＵＮＡのことを知ってもらうために、買って手にとっていただくために、鉱山の情報を教えてもらうために、いろいろな情報をＳＮＳやブログ中心に発信していったと先に書きましたが、この経験で学んだことがあります。それは、

「情報は発信した分だけ入ってくる」

ということです。そして、自信を持って発信すれば、興味を持ってもらえる、ということ。

「やれたらやりたいと思っています」

「もしかしたらできないかもしれませんが……」

という気弱な発言だと、みんな素通りしてしまう。これではダメだ、と思いました。そこで、なるべく自信と熱を持って発信することを意識しました。すると、「できることが何かあれば手伝うよ」と言ってもらえる確率がぐっと上がったのです。

エシカルジュエリーというビジネスを、日本では誰もやっていなかった。だから、声を上げて失敗したら、大嘘つきになってしまう。それでも、風呂敷は大きく広げないと人を動かすことはできない、と痛感しました。

私がよくするたとえ話ですが、一流と評判のお寿司屋さんに行ったとします。そこで大将が、

「築地で僕が選んだ絶品の魚です。なかなかこんなのは入らない。驚くほど新鮮で美味いんですよ」

と胸を張っていたら、食べる前からなんとなく美味しい気がしてしまいます。一方で、申し訳なさそうにこう言われたらどうでしょう。

「これ、どうですかね、自信はあまりないんですけれど、もし良かったら食べてくれませんかね……」

きっと同じものを食べても印象は違うでしょう。「そんな自信のないものを出してるの?」となりますよね。

「これ、素晴らしいんだよ。絶対感動するよ!」

と言われた方が、受け手も感化される。もちろん広げた大風呂敷はきちんとたたま

なければなりませんが、誰かに何かを伝えたいとき、そういう気持ちの部分はとても重要なのです。

「正しい人に聞く能力」を身につける

断られても、失うものは何もない

次のステージに行くときの不安は、「見えていない」ことが原因です。

私も「わからないことがわからない」状態でしたが、そういうときはとにかく情報が少ないことが問題。対処法を知るために片っ端から情報収集をして、答えを持っていそうな人に聞きにいくしかないのです。

けれど、簡単そうに見えて「適切な人に聞く」というのがなかなか難しい。

これも私がよくするたとえ話ですが、ビーフストロガノフをつくりたいけれど、つくり方がわからないとします。「どうしようどうしよう」と牛肉とフライパンを持ってうろうろしていても仕方がない。じゃあ何をするかといえば、ネットで調べたり、ビーフストロガノフをつくったことのある人に聞くしかないですよね。やりたいことがあったら、とにかく情報収集しなければいけない。

そして大切なのは、「ビーフストロガノフのつくり方を聞くときには、それに適切な人がいる」ということ。

料理をつくったことがない友達に電話をかけて「わからないね、どうしようね」と言い合っているだけでは何の収穫もないし、成長もありません。そうではなく、つくったことがある人、経験豊かな人に聞かなければいけないのです。

つまり、同じような悩みを抱えている人と「どうしようどうしよう」と言い合っていても仕方がない、ということ。

もし私が起業したことがない友人に「会社辞めて起業しようと思うんだけど」と相談したら、「そんなリスクが高いことやめた方がいいよ」と言われ、「そうか、そうだよね」とそこで終わってしまったかもしれません。

世の中のたいていのことは、誰かに聞けば知っています。

起業をしたいのであれば起業家に。

料理人になりたいのであれば料理人に。

一流になりたければ一流の人に。

「聞くべき人に聞く」力は、大切です。

さらに、もうひとつ心に留めておきたいのは、もし誰か経験豊かな人にレシピを聞いて断られても、何も失わないということ。つくり方を知っている人はたくさんいるから、ほかの人に聞いてみればいいだけのことです。

だから、恥やプライドに邪魔されず、とにかく体当たりしていけば、必ず「知っている人」にめぐり合えるのです。

登りたい山が決まっているなら、ルートは何でもよい

「正しい山」を見失わない

「どの道を選ぶかは、目標さえ間違っていなければこだわらない」というのが私のひとつのスタンスです。

「国際協力」という明確な目標があった私がいざ起業する前に考えたのは、「どんな手段にしよう」ということでした。

国際協力というのは、何をやってもある意味国際協力になる。NPO、国連、企業の中でのCSR活動、ボランティアも国際協力になります。何をしてもプラスになるけれど、自分はどのアプローチをすればよいのか、と悩んでいたのです。

実は、このときどの道をたどっていても正しい選択だっただろう、と思います。

投資会社にそのまま働いたお金で募金をするという人生でも、起業にしてもマイクロファイナンスのような組織を立ち上げていても、何にしても「国際協力」という道につながって自分の意志で選んだのであれば、それで正解だった、と。

私にとって登りたい山は「国際協力」だった。

そのためにどのルートを通っても、どんな装備でのぼっても、何日かけて登頂しても、私はよしとしたと思います。

けれど、登る山が違ったら絶対に後悔していました。「これでよかったのかな……」と鬱々とした日々を過ごしていたことは間違いありません。この「自分の山」を見つけるのは難しいかもしれませんが、かみくだいて言うと「究極的に何をして過ごしたいのか」ということです。

私も今まで、諦めてきたものはたくさんあります。けれど、いろいろなものをそぎ落として、どうしても譲れないことを高い山として目標に立てているから、見失うことはありません。

「安泰」や「家族」、「ビジネス」、「一生わくわくして生きる」、何でもありなのがこの「山」です。自分なりの山を見つけて据えたなら、登頂するためのルートにはあまりこだわらなくても、頂上を目指せばいいのです。

目標に向かってどんどん軌道修正する

私の仕事としての成功は「世界中の人から愛される素晴らしいジュエリーを創ること」、個人的な成功は「世の中から児童労働がなくなること」だと思っています。もちろん、いきなり達成できる目標ではないことはわかっています。それを達成するためまずどうすればいいか？　ステップ1として、起業した時に3つの中目標を考えました。

ひとつめは、きちんと事業を黒字化させること。黒字で収益も出て、株主にも還元できている状態が会社のあるべき姿です。

ふたつめは、伊勢丹新宿本店に出店すること。やはり伊勢丹新宿本店は日本の消費の中心。その中心と鉱山をつなげたい、という思いがありましたが、これは2013年に達成することができました。

みっつめは早いうちに10億円の売上を出すこと。そのための成長戦略を具体的に考えています。

この3つを整えることで、ジュエリービジネスとしてまずは小さく成功できていると考えています。

大目標の「世界中の人から愛される素晴らしいジュエリーを創ること」、個人的な成功指標である「世の中から児童労働がなくなること」、これらを達成するための中目標は、基本的には走りながら決めることにしています。1から100までかちかちに決めてしまってそれにこだわると、軌道修正がきかなくなってしまうからです。

遠い、大きな目標があると軌道修正してもブレずに軸を立て続けることができます。「目指しているのはあの山のてっぺんだよね」、と。プランBでもプランCでも、柔軟性をもつことが大事なのです。現にHASUNAも、出店プランなどを大きく変更したこともあります。

堅いことは強いことではありません。

大きな山のてっぺんを見つめつつ、ルートはその都度考える。そういう柔軟性こそが強さであり、山登りに必要なものなのです。

「忙しい」と感じるのは、自分に軸がないから

自分の時間をブロックする

人は、会社や他人ではなく自分に軸があると、忙しさを感じないものです。

投資会社で働いていたころは、それこそ「24時間働けますか」の世界でした。とにかく忙しくて家には着替えとシャワーに帰るようなもので、ボロボロでした。今、あの生活ができるかというと、正直なところ無理だと思います。

一方で、今が時間に余裕があるかというと、そうでもありません。

経営者ですから、今のことをこなしながら先のことを考えなければなりません。デザインを考え、メディア対応し、店頭にも立って、チームのことを考え、数値を読み、投資会社で働いていたころにはいなかった家族のためにごはんをつくり、子どもを育て――。

激務といえば激務かもしれません。しかし、まったく辛くない。むしろ、忙しくない、と言ってしまってよいかもしれません。

自分のやりたいことをして、現地の職人や鉱山労働者の方たちとつながっている。

それが私の激務を支える意義になっているから、働くことにとてもワクワクする、という側面もあります。やるべきことが多かったり考えることが次々に押し寄せてきても、精神的な満足感が高ければそれが「つらい」につながることはありません。

そして何より、人に振り回されるのではなく、自分に軸があるということ。

やるべきことは、会社員でも経営者でも無限にあります。自分の時間をしっかりとコントロールして、自分に軸を置いて時間を動かせているかどうか。そこが精神的につらい忙しさか、つらくない忙しさか、の違いにつながっていきます。

私が編み出した方法は、「スケジュールブロック方式」。あらかじめ半年先まで自分の予定をブロックしてしまうのです。

ブロックとは何かというと、「必ずこれをする日」と決めて、スケジュールを有無を言わさず確定させてしまうことです。私はこのブロックを一週間に3つ作っています。ひとつは必ず経営のことだけを考える「経営ブロック」の日。もうひとつは「デザインブロック」で、デザインや新商品開発でデザイナーと一緒に過ごす日。そして必ず家族との時間をフルで過ごす、「家族ブロック」の日です。

この方法、起業当時あまりに忙しく、一年後のことすらも考えられなかったときに編み出したものです。目の前だけのことだけになってしまって、先々の事業計画も考えられない。デザインもできない。ただただ、日々が過ぎてゆき落ち着いて自分でコントロールできる時間がまったくなかったことの反省です。

会社で働いているとなかなか難しいことかもしれませんが、夜の過ごし方でも、仕事のやり方でも、なんでもかまいません。営業のルートブロックでも、新しいアイデアを考える時間ブロックでも、小さなことから始める。自分でコントロールしている状態を続けると、軸が自分に戻ってくる感覚を取り戻すことができます。

どんな「忙しい」がいいか？

仕事の意義や人生の意義は、忙しいときや考える時間がないときほど深く考えるべきです。「何のために生きるのか、何のために働くのか」という問いかけはもろいもので、日常生活の中ですぐに見失ってしまいます。毎日はめまぐるしく過ぎていくし、仕事もプライベートも考えることが山積みです。

しかし、そういうときこそ自分の原点や意義を見つけるために、またすでに見つけられている人は確認するために一度立ち止まるのです。私にとっては、それが鉱山や国際協力です。原点がお金の人はお金に、笑顔の人は笑顔に、やりたいことがある人はやりたいことに帰って指さし確認するのです。

「何のために」を確認できたからこそ、私は投資会社を辞めることができました。投資会社の意義は、平たく言うと世の中にお金を流動化させることですし、顧客にもっとお金持ちになってもらうこと。

それに意義を感じる人もいます。けれど私はそうではなかった。素敵だな、と思う理念はあったけれど、不思議と心からは共感できませんでした。

どういう仕事にも意義や理念はあります。

それが、自分のやりたいことに合うか、原点と合うか、ということだと思います。

どんな「忙しい」がいいか。

せっかくなら、自分が楽しくて幸せで、その上で誰かのためになっていると実感できる「忙しい」がいい、と私は思っています。もし今の「時間がない」状態が幸せでないのであれば、自分の人生の時間の配分を考え直すきっかけにしてもよいかもしれません。

自分の人生に責任を持てるのは、自分だけ

「諦める才能」を捨てる

周りに、何を言ってもできない理由を必ず見つけ出してくる人はいませんか？　批判や反対ばかりして、結局現状維持の人。これが「諦める才能がある人」です。「自分もそうかも」という人もいるかもしれません。かつての私もそうでした。

私は高校生のとき、「ファッション、芸術関係の道に進みたい」と思っていました。その分野にしか興味がなかった私は、美術大学に行こうと考えていたのです。しかし、「芸術の道には、つらいこともあるし理不尽なことがたくさんあるでしょう？　あなたには安定した道を進んでほしい」

と親に反対され、「そうか……それならやめておこうかな」とあっさり断念してしまったのです。

このとき反対したのは両親ですが、最終的に諦めたのは、ほかでもない私です。「親が反対する道に進むなんて親不孝だから」と、「やらない理由」を見つけ出して自分を納得させてしまったのです。反対を押しのけてまで進む覚悟や情熱がなかっただけなのに、です。

できない理由ややらない理由はいくらでも挙げられます。けれど、そればかり挙げていてもいつまでも何もできない。できない理由を並べる人は、おそらくどんなにいい環境にいてもその理由を探し続けるでしょう。

「やる理由」に強烈なスポットを当てて考える。誰かの反対意見は「やらない理由」のひとつです。やらない理由探しをしているうちは、前へは進めません。

青くさくても、かまわない

「諦める才能」の中には、いろいろな才能があります。

世間体や他人の言葉をいちいち気にしてしまう才能。

ちょっとしたリスクや不安を最大限に大きくしてしまう才能。

できない理由を10も100も並べてしまう才能。

——こうした「諦める才能」を持ってしまうと、やりたいことが浮かんだときにすぐ「いや、でも」と言ってしまう自分が現れます。せっかくのアイデアや自分の意志をつぶしてしまう言葉です。無意識にこの言葉を発するようになってしまう自分でいることは、とてももったいないこと。

私は、そんな自分が現れたときは、青くさくても良いじゃないか、と自分に言い聞かせてみます。青くさい方がとても楽しいよ、と。

あなたの周りにいる、毎日楽しそうに生きている人は、だいたい青くさい人たちではないでしょうか。ほかの人に後ろ指を指されても笑われても、気にせずに我が道をいくタイプの人。自分の決めたことややりたいことに、素直に従う人。

私の青くさい夢は、先ほど言ったように「HASUNAを世界中の人から愛されるような素晴らしいジュエラーに成長させ続けること」。そして、「地球上から児童労働をなくすこと」。これが私にとっての「成功」です。

こんな「成功」を語るとき、内心「大きく出たなあ」と笑っている人もいるかもしれませんが、私は人生を通してこれに取り組みたい、と心から思って起業しました。そこに向かって毎日進んでいる。だから毎日がとても楽しくて仕方ありません。

他人から見たら青くさい考えかもしれませんが、自分の人生、何かに挑戦したいと思うときくらい青くさくても良い、むしろそうじゃないのはもったいない、と私は思います。

やる気に満ち溢れたあなたに「やらない理由」をマシンガンのようにあびせかけてくる人もいるでしょう。けれど、周りから言われるのはほとんどが「常識の枠に閉じ込められた意見」です。この「青くさい」気持ちを持っていれば、意外と何を言われても平気なものです。

考え方を変えれば、できない理由はなくなる

リミッターを外す3つの思考パターン

できないかもしれない、やってもしょうがない、と自分の中でできない理由を並べてしまう。壁を乗り越えた経験が少ない人は、ついそう考えてしまうでしょう。

そんなとき、「リミットを外す3つの思考パターン」があります。

①「自分ではできそうにないことは、遠慮無く助けを借りてしまう」

私の場合、ジュエリー製作を熟練した腕を持つ職人にお願いすることが度々あります。1から10までひとりでつくるよりも職人を頼るほうが、自分の理想に近いものができ上がるからです。マーケティングやPRもプロフェッショナルの意見を聞き、一生懸命に取り組むスタッフ達を信頼して任せしてしまうし、経営戦略に関しても経営コンサルタントや、経営経験の豊富な方にアドバイスしていただく。

自分ができないならできる人の力を借りる、自分の中で完結する必要はない、と割り切ってしまうのです。

まずは、「頼る」。これを前提にしてしまうと一歩を踏み出すことのハードルがぐっと下がるでしょう。

②「大きな問題を引き寄せて細かくわける」

「今何をしたらいいかわからず、一歩も踏み出せない」というときです。

たとえば、一年間の売り上目標を立てた場合、そのままだと「今」具体的にどう行動すれば良いかわかりません。そういうときは、半期でいくら、ひと月でいくら、と目標を割っていきます。ここはイベントが多いから少し目標を増やす、ここは抑える、と考えていく。そこから、今週はこれくらい、今日はこれくらい、とさらに小さな目標に割っていく。ここまでくれば、目標までの最短の行動が何なのかが把握でき、動きやすくなるのです。

大きな課題は小さく切ってしまい、引き寄せて目に見える状態にする。とても達成できなさそうなことも、どんな力があればいいか？　どんな力のつけ方があるか？　そのためにはどうするか？　今月は何をするか？　今週は、今日は？　と、少しずつ分けていき、スケジュール帳に予定を記入して小さな「できる」を積み重ねるのです。

③「人は簡単には死なない」

世界を見回すと、どんなに環境が悪いところでも生きている人はたくさんいます。普段恵まれている環境にいるから初めは戸惑うでしょうが、そういう環境でもいざとなれば私たちだって生きていけます。

インドのスラム街に滞在したときは、絶望の中で逞しく生きる人たちのパワーに圧倒されたものです。お金がなくても、汚水にまみれていても、なぜこの人たちはこんなに生きる力に溢れているんだろう？　と不思議で仕方ありませんでした。

もちろん、滞在中は私も慢性的にお腹を壊していました。最初はつらくて心が折れそうでしたが、普段と環境が変わるのだからそれくらい当たり前だ、と次第に気にならなくなりましたし、何よりもスラム街に生きる人たちの逞しさや前向きさに触れたりしたら、お腹を壊す事ぐらいなんともないことだと思えてきたのです。

最終的には排気ガスやゴミで気管がやられてしまい、変な咳が止まらなくなってしまいましたが、それでもスラム街の人たちに比べたら私の問題なんて小さいことでした。それから、つらいことがあるたびにこのことを思い出します。「大丈夫、簡単には死なない」と思うことで大きく構えられるようになったのです。

やりたいことが
見つからないなら、
身につけたい力を考える

どんな能力を身につけたいかで選択する

「やりたいことや夢があればがんばれるのに」

頑張る先が見つからずにフラストレーションが溜まり、悶々とするときにはどうすればよいのでしょうか。学校になじめなかったとき、受験のとき、また投資会社で勤めているとき、「何かしたいのに、それが見つからない」と悶々とした気持ちを抱えながら鬱屈した日々を過ごしていた私は、まさにその状態でした。

その答えになる問いこそ、「どんな能力を身に着けたいか?」です。

特に高校三年生のとき。先にも書いたようにファッションや芸術への道を両親から大反対されていた私は、卒業後の進路を決めなければならないのにやりたいことが見つけられずにいました。目的がないから、受験勉強のモチベーションも当然湧かない。「いつか世界を飛び回るようになりたい」という思いは心の片隅にありましたが、それも現実的ではありませんでした。

そこでこう切り替えたのです。

「今見つからないなら仕方がない。それなら、これからどんな能力を身につけたいか考えていこう」

つまり、

「海外に進学したい。けれど、今の英語力では語学留学終わってしまう。何より、今学びたいことがはっきりしていない。そんな状態で飛び出しても意味がないから、英語が話せるようになってから改めて留学の準備をしよう」

と考え方を変えたのです。「英語のスキルを取得する」という目的を持って、まずは短大に進学することにしました。

これは結果的に、大正解でした。その回り道によって、「海外を飛び回る」というぼんやりとした思いは「大学では国際協力を学ぶ」というはっきりとした目標に成長し、英語の勉強も意味を持ってすることができたのです。

どんな能力が身につけばもっと強くなるか？　逆算的な考え方ですが、「今」したいことが見つからない人にはとても有効な問いかけです。

「いつか」を自分で設定する

世界中の鉱山と取引をしている、自分の足で回って目で見ている、と説明をすると、多くの方に驚かれます。「どうやったらそんなことができるの？　ルートはどうやって切り拓いたの？　想像できない」、と。確かにこのビジネスを始めるときは手探りでしたし、どうやって回していけばいいのか分からないことばかりでした。

けれど、「やったらいつかなんとかなるだろう」、と楽観的に構え、その「いつか」を自分でつくっていくしかありません。

たとえば私には、バイヤーを介さず直接鉱山から仕入れる、という目標がありました。すると、鉱山とつながっている人と出会わなければいけないな、と考える。そこでまずは友人や知人に「鉱山とつながっている人を紹介してほしい」と広く発信する。友人の友人にも声をかけてもらうようお願いする。すぐに情報は集まらないから、同時に自分でも情報収集は続けていく。

つまり、まずはできるところから始めて、その「今の私でできる行動の結果」をもとに、さらに行動していくのです。「今の私」でできることから始めることで、自分の行動のハードルを下げていく。

もちろん最初は完璧でなくてもかまいません。なぜなら、新しいことは、誰しもがゼロから始めるものだから。「今の自分」はゼロでかまわないのです。

スーパーカーをつくったトラクターメーカー、ランボルギーニから学ぶこと

今、誰しもが知っているような大きなジュエリーのブランドだって、最初はしがない宝石商や工房だったわけです。それが50年、100年の長い時間をかけて成長することで今の姿になっていく。今の大企業も、社長も、偉い人も、最初はみんなゼロだったのです。

シャネルも小さいころは修道院で育ち、キャリアとしてはお針子から始めてデザイナーの頂点へ上り詰めました。今はスーパーカーの代表格であるランボルギーニだって、昔はトラクターの会社だったのです。「俺らもカッコよくて性能のいいスーパーカーをつくろう!」「社長、本気ですか」「無理ですよ!」「いや、やろう!」という

ような会話があったのかな、と想像したら楽しいですよね。きっと、試行錯誤して「カッコいい」を突き詰めていったのではないでしょうか。

今できなくても、よい。

そう開き直るとはじめの一歩はとてもラクに踏み出せます。私が働きながらジュエリーの学校に通ったように、たくさんの友人に連絡をとって情報提供を呼びかけたように、「今」でなくても「できるようになればいい」のです。

これは、今できることの範囲で道を探さなくてもよい、ということです。ただし、その道をきちんと進むためには、その道を選択したあとにきちんと自分で責任をとらなければなりません。

私が尊敬する、メンターであり投資家の藤野英人さんがこうおっしゃっていました。

「起業した方がいいでしょうか？　と聞く人は、まずやめた方がいい」

どんな行動でも、動く以上必ずリスクがついてきます。だったら、本当にやりたいと思えることをやらないとリスクに負けてしまう。これはもちろん起業にかぎった話ではありません。反対されても、リスクを背負ってでもやりたいんだ、という意志がすべてです。「今できないことをできるようになっている自分」になるための、「ポジティブな努力」ができる道を選べば、後悔はいちばん少ないでしょう。

まずは具体的に、いつまでにこういうことができるようになる、またはこういう自分になっている、という目標をつくること。そうすることで、「なんとなく」レベルで止まっていることも具体化され、今日からできることは意外と見つかります。テーマを決めて本を読む。勉強する。計画を立てる。話を聞きに行く。インターネットで調べてみる。調べたことを自分の足でたどってみる。

トラクターである自分を、どんなスーパーカーにしたいか。バイクにしたいか。そして、それに近づくためにはどうすればいいか。

ある意味論理的に組み立てて考えていくことで、選択肢はぐっと広がっていきます。

これからの世界では、パラレルキャリアが当たり前になる

催眠術師の祖父

キャリアについてお手本になるのが、一緒に住んでいた祖父でした。

祖父の父は、貴族院議員だったそうです。

けれど、議員となると多くの人が関わってきて、人間関係が複雑になってしまった。それが嫌になり、祖父はすっぱりと家を出て身ひとつで薬屋を始めた、と言っていました。

そうして薬剤師として働く傍ら、何を思ったのか催眠術の学校に通いだし、催眠術師の資格を取得。その催眠術の力で、自分のお店の中で近所の子どものおねしょを治したりしていました。と言ってもあやしいものではなく、催眠心理療法士という資格を取得していたようです。

さらに、夜になって店を閉めたあと、趣味で極めた能の教室を自宅で開いていました。あくまでスタートは趣味だったそうですが、「舞台で舞えるくらいにまで上達したことだし、せっかくだから近所の方たちに教えよう」、と始めたそうです。

祖父はこのように様々な能力を身につけることで「パラレルキャリア」を切り拓いていました。

薬剤師として、催眠術師として、能の先生として。万が一どれかひとつがだめになっても生きていける、そういうキャリアを持っていました。

ノマドワークスタイルでも有名な友人の安藤美冬さんとも講演で話したことがあるのですが、祖父くらいの年齢で戦争を体験している人たちは、職業がひとつとは限らない。高度経済成長に入る前は、いくつかの職業を兼任して稼ぎ口をたくさん持っているのが当たり前だったのかもしれない、と。現に、今途上国に行くと、祖父のようなパラレルキャリアを歩まれている方がとても多いのです。

自分の能力を複数高めつつキャリア形成していくのは、漁の網を頑丈にしていくような作業で、それこそがこの世界を生き抜く強い力を創り上げるのだと思います。

パラレルキャリアを自分でつくる

前の会社で働きながらHASUNAの構想を考えついたとき、すぐに新しいキャリアにシフトチェンジはせず、水面下で準備を進めながら会社員としてもきちんと働き、お給料をもらっていました。一年間、それこそパラレルキャリアだったのです。

最初は100％会社に軸足を置いていたのを、HASUNAの仕事を30％、40％、60％、と広げていく。少しずつ自分の世界を二枚目の名刺側に近づけていき、「よし、これでいこう」とパラレルキャリアに別れと告げました。

パラレルキャリアは、自由自在に自分で操ることができます。

祖父のようにずっとパラレルキャリアでやっていくのもひとつの方法ですし、土日の稼ぎ口にしようと決めてしまっても、私のように軌道にのったら本業に乗り移ろう、と計画を立てても良い。

やりたいことを達成した人や起業家は、水面下でこのように準備している人が本当に多い。現に、パラレルキャリアから始めることで、私もできるだけリスクを低くしてチャレンジすることができました。

二足も三足もわらじを履きながら、ここぞ、というときに履き替えることができる。それがパラレルキャリアの魅力なのです。

第3章

心は、鍛えられる

ブレない自分をつくる胆力の養い方

人生真っ暗なときに
諦めたら、
一生真っ暗のまま

走り続けなければ砂漠は抜けられない

不安や焦りは、考えるばかりでは解消されません。ただがむしゃらに行動して進むしかそれが消えることはない。それも、お金や時間というガソリンのエンストの恐怖を抱えながら、です。

起業してすぐに、私のガソリンは、ごくわずかになってしまいました。早くこの砂漠を走りきってオアシスで給油しなければ、砂漠のど真ん中でエンストしてしまう、という状態。

私自身が砂漠を走る車の気分でした。

いつ砂漠の真ん中でエンストしてしまうかわからない。走るのをやめた瞬間、砂漠で朽ち果ててしまうのを待つばかりになってしまう。

初めのころは、そんな状態でした。

オンラインショップは開設してはいましたが、直営店など夢のまた夢。やはりセレクトショップや百貨店などに置いていただかないと、お客様が身につけて選ぶことができません。ブランドにとってはそういう「体験」が大切だと思っていたので、営業に行かないといけない。しかしそのためには手元に商品がなければいけない。となるとその商品を作るための素材の仕入れをしなければいけない。けれど、その仕入れのためのお金がまったくなかったのです。

スタートから完全に躓いてしまいました。

じゃあどうする、ということで、まずはお金を借りるため、拙い事業計画を手に銀行に向かいました。担当の方に時間をいただき、少しでも多くのお金を借りられるよう、売上予測やビジネスモデルについて練習したとおり必死にプレゼンしました。しばしの沈黙のあと、その方が私の残高を見てひとこと、「身の丈にあっていないですね」、と。

それですべてでした。

しかし、ここでもまたショックを受けるわけにはいかない。そんな時間はありません。起業家である先輩方に相談すると、投資家にお金を出資していただく方法がある、ということを知りました。投資家の方にビジョンや事業計画を評価してもらい、HASUNAの未来に期待していただき出資してもらうのです。

たくさんの投資家の方と何度もお話する中で、HASUNAのコンセプト、意義に賛同してくださる投資家の方と出会うことができました。そうして、「一緒に頑張りましょう」と出資を受けるに至ったのです。

その資金で仕入れを行い、これで安心してジュエリーをつくり続けることができる、売上を立てることができると、私は意気揚々と営業に出かけました。

しかし、そんな私の期待を反してまったく置いてもらえない。門前払いでした。ちょうどリーマン・ショック後の不況で、消費も落ち込んでいたときです。ただでさえ在庫をたくさん抱えているのに、新しい商品なんか置く余裕はない、というところがほとんどだったのです。

置いてもらわないと、売れないと、事業はそこで完全にストップしてしまいます。せっかく資金調達できても、お金が回らないとすぐに底を尽きてしまう。できるかどうかわからないビジネスを応援してくれたみんなのためにもそれはできません。けれど、どうしたら良いのかわからない。さすがに途方にくれ、呆然としました。

そんなときに耳にしたのが、ある凄腕バイヤーの存在でした。

彼女は当時、新丸ビルや表参道ヒルズ、六本木ヒルズにあったセレクトショップの買い付けをされていました。しかも、ただ買い付けるのではなく、海外のデザイナーに「日本人はこういうデザインが好きだからこういうのを作った方がいい」とアドバイスをし、それを仕入れるのです。この「日本人仕様にアレンジした商品を買い付けて売る」というやり方で、とあるブランドを大成功させた、業界では有名な方だということでした。

この方のお店にぜひ置いていただきたい。そう思い営業の電話をすると、「一ヶ月後なら時間がとれる」と返事がありました。ここに賭けたい、そう思っていた私は「ありがとうございます！」と頭を下げながらすぐにアポをとり、コンセプトや商品の魅力をきちんと伝えられるよう、準備に時間を費やしました。

ひと月後、どきどきしながらも、熱意をもってプレゼンする日。このひと月の間にも、お金は減る一方でした。これがラストチャンスかもしれない。この方のお店に置いてもらえるようなブランドである、と認めてほしい。私がひととおり話し終えると、その方は口を開きました。

「コンセプトだけじゃお客様は買ってくれない。けれど、これならデザインを少し修正したらいけるわ」

コンセプトを前面に出すがゆえに少し土っぽかったそれまでのデザインを、より女性が輝くことを意識して改善すればいい、と。修正したデザインを持ってまたすぐに彼女のもとへ向かいました。返事は「OK」。認めてもらえたのです。

こうして、ようやく憧れのセレクトショップで扱っていただけることになりました。そして、このショップから商品が売れていったのです。ここからキャッシュが回り始め、気持ちの上でも資金の面でも安定して経営をしていけるようになりました。

「お金を集めてジュエリーつくって、売れなかったらどうしよう」とネガティブな考えがつきまとい、「あれもやっていない、これもしなくちゃ」と頭がいっぱい。

このセレクトショップに置いていただいたのはそんなときでした。ようやく、ようやくビジネスが回っていく……まだまだ続く大波をひととき忘れ、安堵感に包まれました。

これからどうなるんだろう、と不安で仕方がないときは、ただがむしゃらに進むしかありません。立ち止まっても、オアシスは近づいてきません。砂漠のど真ん中で不安になったら、走ることでしかその不安を解消することはできないのです。

そうして進み続けていると、いつの間にかふと目の前にオアシスが見えてくるでしょう。そこでほっとして燃料を補給して走り出すと、またすぐに砂漠に突入してしまいます。

けれど一回目と圧倒的に違うのは「経験」です。二回目は「またどこかにオアシスがあるだろう」と腹をくくれる。

そうした繰り返しで、人は強くなっていくのです。

胆力は、一生自分を助ける武器になる

動じない自分でいること

私が考える、生きていく中でもっとも大切な力のひとつが「胆力」です。

胆力とは、「動じない力」。恐れない、しりごみしない、精神力が高い状態でいるために欠かせない力です。これは、私の尊敬する岡島悦子さんから学びました。

岡島さんは経営者のヘッドハンティングをしています。ＣＥＯやＣＯＯをターゲットにして会社を紹介する、という難易度の高い仕事をこなす彼女が以前、こう言っていました。

「エリートで仕事もできて優秀な人も多い。けれど、胆力だけが決定的に欠けている人が最近多くて。でも、胆力がないと経営者としてやっていけない」

自分は自分の人生の経営者、ということを考えると、この胆力、どんな立場であっても、誰にとっても必要なものです。仕事でも、子育てでも、親を介護するときも、動じずにいられたら心はずっとラクになるはずです。

心を鍛える「経験」の積み方

では、どうやったら胆力は鍛えられるのでしょうか。心は筋肉と同じで、意識的に鍛えられるものです。それも、努力ではなく考え方ひとつ、自分の内面だけで。ブレない自分をつくるために必要な要素があります。

それは、「経験」です。

経営をしていると、「一週間後にはパンひとつ買えなくなるかもしれない」という状況に陥ることを想像することも少なくありません。

けれど不思議なことに、「1年後は大丈夫だろうな」と考えている。自分が計画しているような形、想像している形とは違うかもしれないけれど、きっと大丈夫だ、と。

それはやはり、経験があってこそです。

起業したころは毎日、精神的にはジェットコースターに乗っているようで、一日の中ですごく嬉しいこととすごく心配なことを5回も10回も繰り返すような毎日でした。

朝、高いモチベーションで仕事に取り掛かって、十時に頼んでいた素材が届かなくて落ち込んで、十二時にメディアに取り上げられると聞いてテンションがあがって、お昼にはバイヤーから厳しいことを言われてへこんで。そんな気持ちの上がり下がりの激しい一日だから、横になっても目がらんらんとしてしまう。

「もうダメだ」と思うような大きな波もたくさん押し寄せてきました。独立、起業、資金繰り、売上――その都度、最悪のことばかり考えてきました。

しかし、今どうでしょうか。意外にもきちんと立って、進み続けられています。心は毎日、とても安定して穏やかです。

もちろん、大きな波に飲まれると一度はびしょびしょになってしまいます。けれど、ざぱーんと波が去って振り返ると、思ったよりも大丈夫だった、ということがほとんどだったのです。

「もうダメだ」「自分には無理だ」と思っても、飛び込んで立ち向かえば、なんとかなる。

胆力は、そうするうちに、自然と鍛えられるものなのです。

同時にもうひとつ、一度波が過ぎた経験していると、次に大きな波がきたときもまったく違う心の持ち方ができる、という発見もありました。

一回目の大きな波には「もうダメかもしれない」と怯みながらも、ただただ必死で立ち向かう。それを無事に何とか乗り切ることができると、二回目の大きな波には「必死でやればきっと大丈夫」と思える。三回目にもなると、「どうスムーズに乗り切ろうか」となる。

何かが怖いのは、それが未知のことだから。経験していないからです。恐怖の源はたったそれだけです。だから、「これは初めてのことだから、怯んで当然だよね」と思いながら、最大の努力をする。

心を鍛えることは筋トレと同じです。その心が怯んだり怖がったりすることに挑戦するとき「いま、心の筋肉をつくっているんだ、次は大丈夫だ」と思えればどうでしょうか？　前向きに、そして余計な力を抜いて向かい合えるようになっている自分に気づけるはずです。

心を鍛える3つの発想の転換

胆力を鍛えるためのもうひとつの方法は、「発想の転換」です。ここでは、とっておきの「捉え方の変え方」をご紹介します。私が壁にぶつかったときに心の中で言い聞かせている言葉です。

①「みんな経験していること」

壁にぶつかると、どうしても視野がぐっと狭くなってしまいがちです。「どうしよう」や「どうして私ばっかりこんな目に」、「運がなかった」などの言葉で思考停止になってしまう。

けれど、よく考えてみると、世の中で自分だけしか経験しないような不幸なことはなかなか起こらない。それは、仕事でも人生でも同じことです。

お金を使うことが恐ろしくてコンビニの100円のパンすら買えない、という目の前が真っ暗になるような不安だって、経営者なら多くの人に覚えがあることです。できない理由ばかり挙げられることも、一週間後のご飯が不安なことも、売上げが思ったように伸びないことも。

そして同時に、そのためにやらなければならないことも、先達が通ってきた道が教科書です。今、社会にいる先輩方の中に、それを乗り越えた「経験者」がいるということはとても心強いこと。

「自分が今抱えている問題は、誰かが通ってきて、そして解決していった道。だから自分も解決するつもりで考えて行動しさえすれば必ず乗り越えられる」

そう思うと、前を向くしかなくなるのです。

②「今起こっていることは二週間後には過去のことになっている」

経営者として会社を動かす中で、「今生じた問題は、二週間後にはもう終わったことになっている」ということに気づきました。

たとえばお客様に適切な対応ができなかったスタッフがいたとき。

そのスタッフから報告を受けたときには「せっかく選んでいただいたのに失礼なことをしてしまった……」と反省し、それが防げなかったことを後悔します。そうしてしばらく暗い気持ちに引きずられることは、一度や二度ではありませんでした。

しかし、心を尽くしてお詫び申し上げ、繰り返さないようにスタッフで共有し、今後に活かせるよう経験のストックにする、というステップを踏んでいると、二週間後にはすっかり過去のことになっているのです。

ミスをしたり問題を抱えたりしてしまうと、心に鉛が入ってしまったような気分になり、なかなか切り替えられないかもしれません。

けれど、今この文章を読みながら二週間前のことを思い出してみると、過去のことのような気がしませんか？　何か起こってしまったときは、視点のカメラを二週間後から現在に向けてみて、「大丈夫、すっかり過去のことだと思えている」と実感すると必要以上に動揺しなくなります。

また、「人の噂も七十五日」と言いますが、七十五日と言えば二ヶ月以上。人はそこまで長い間ものごとの詳細を覚えていられません。「人の関心は十四日」と思えば、他人の目にも強くなれます。

③「それは全員の意見ではない」

世の中には、安定第一の人も、挑戦し続けていたい人も、保守的な人も、とにかく批判的にものごとを評価する人もいます。

たとえば会社を辞めるとして、相談する相手が社歴三十年の方なら「会社を辞めるなんて逃げだし危険だ」と言うでしょうし、独立して成功している方なら「個人で勝負するのは楽しいよ」と言うでしょう。どちらもその人にとっては間違いではないのです。

私は、多様性は世の中を回す上で、絶対に欠かしてはならないと思っています。だからこそ、人の意見はどれも正解で、どれも正解ではありません。意見を言った人にとっての真実でしかないのです。

それはどんな立場の人でも同じですが、特に、経験していないことについて誰かに激しく反対されたら、「それは全員の意見ではない、あくまでこの人の意見にほかならない」と心の中で唱えるようにしています。

みんなそれぞれ自分のモノサシで言っているにほかならない。そう割り切って、結局は自分の頭で考えるしかないのです。

不安なときこそ、
視野を高く持つ

視点を宇宙まで引き上げると、小さいことで落ち込まなくなる

挑戦することで背負うリスクに対して不安になったら、「自分の視点を宇宙まで高くする」意識が、その躊躇していた一歩を踏み出させてくれます。

生きていく手段は、今の日本ではいろいろとあります。私も、起業してお金がなくなったら、すぐにコンビニのバイトでも掃除のバイトでもなんでもやろう、と思っていました（実際は、お金がなくなったときにそんなことをしている余裕も時間もまったくなかったわけですが）。そうすれば死にはしないだろう、おいしいカフェのコーヒーが飲めなくなっても、もらっていたお給料がなくなっても、絶望ではない、と。

なぜそう思えたかというと、日本は、とても恵まれている、という事実を、世界中を旅して肌感覚として持っているからです。

たとえばもしパキスタンに女性として生まれたら、職業を選択する自由や、教育を受ける自由さえもない場合があります。貧困層の村では、明日食べるものがあるかどうかもわからない生活をしています。水だってすぐに飲めるわけではありません。

一方、日本では職業選択も自分次第で何でもできる。蛇口から流れる水を怖がらずにごくごく飲める国は、そう多くはないのです。

日本に対していろいろとネガティブなことを言う人もいますが、「死なない」文化と「選ぶ」権利がそろっていることは、挑戦者として本当に恵まれていることです。

自分のすぐ目の前のことで行き詰まってしまったら、たとえばパキスタンと日本が同時に見える場所、イメージでいえば宇宙を漂う衛星まで視点を引き上げてみてください。地球レベルでいろいろな環境、いろいろな人を俯瞰して見ることで、肩の力が抜ける感覚を得られます。「自分は小さいことでくよくよしすぎているな」と気づけるはずです。

動じない心はつくれる、折れない心は鍛えられる

ネガティブな気持ちを追い出す5つの方法

嫌なことがあるとその気持ちにとらわれて他のことに手がつかなくなる。そんな経験は、誰しもが持っていると思います。

悩みが尽きなかったり、いやなことを言われたり、仕事がうまくいかなかったり、果ては電車に乗るとき舌打ちをされた、というような小さなことまで、普通に生きているだけで心を乱すことはたくさん起こります。

私も起業した当初は、いつまでもミスを引きずってしまったりなかなかテンションが上がらなかったりと、平穏とはかけ離れた精神状態でした。しかし、「このままではもたない」と思ったのです。「ネガティブな気持ちに支配されてしまうと仕事にも支障が出るし、人生の時間がもったいない」、と。

そんな私が人に教えてもらったり自分で編み出したりして試行錯誤しながら確立した、心に凪を取り戻す方法を、いくつかお伝えしたいと思います。

①「保留フォルダ」と「過去フォルダ」をつくる

悩みはしばしば、堂々巡りになってしまいます。頭がそれだけに支配されてしまうのです。そんなとき、早くその悩みから自分の頭を解放するための方法が、頭の中に保留フォルダをつくる、というやり方です。考えて考えて、これ以上の結論は今の時点で出ないな、と思えたら、それは今ひとりで考えても仕方ないこと。誰かに聞くか、ときがくるまで待つしかない。それなら、それまではフォルダの中に入れておこう、と隔離してしまうのです。考えそうになっても、フォルダを開かないよう、自分に言い聞かせるのです。

また、「過去フォルダ」も使います。

たとえば、店頭オペレーション上で大きなミスが起こったとします。そういうときは「しまった」と後悔するのではなく、「なぜそうなったか」、ということを何度も何度も考え、再発防止にはこういう行動をとれば良いのではないか、という結論を出します。そして、そこまで整理できたら、結論だけを頭に残して起こったミスの方は過去フォルダに入れるのです。

結論まで出したら、捨てる。そうして頭に余裕を持たせるのです。

②ほかのコンテンツで追い出す

私は、「脳は不器用で、そこまで大きい容量ではない」と感じています。だから、嫌な気持ちを手放すときにはそれを逆手にとってしまう。

つまり、新しいコンテンツを入れることで悩みを脳から追い出す。同時にふたつのことができない、不器用な脳の特性を活かしてしまうのです。

私はシンプルに、無理やりにでも悩んでいることとは違うジャンルの本を読んだり、映画を見たりして、そのコンテンツで頭をいっぱいにしてしまうようにしてします。袋に入っている腐った穀物を出して、新鮮な穀物を入れ直すイメージです。気がつけば新しい刺激で脳がいっぱいになっていて、古い悩みが消えているはずです。

③五感を刺激して、いつもと違う感覚を引き出す

「普段と違う経験をする」というとなかなかハードルが高く感じるかもしれませんが、簡単に実践できる方法があります。

たとえば、雨に思い切り打たれてみる。あえて傘を持たずに外に出てみるのです。日本人ではたいてい、急な雨だと通りに売っている傘を買いますよね。ここまで几帳

面に傘をさすのは日本人くらいです。イギリスだとみんな傘なんて買わないで、フードをかぶって終わり。だからこそ、「雨に濡れる」という経験だけでも、普段「傘をさす」という習慣を持っている日本人にとっては新しい感覚になるのです。

真珠の買い付けにミクロネシアに行ったのですが、そこにあるポナペ島は、世界で二番目に雨が多い島です。雨が一時間に一回、いきなり凄まじい勢いで降ってくる。常に雨が降っているから、淡水と海水がまじりあってマングローブにとって一番いい状態になっています。熱帯雨林の肥沃な土が雨と一緒に流れ出すから魚もプランクトンも栄養がたっぷり。

そういう豊かな場所で、Tシャツとコットンパンツで雨に打たれながら島を回っていく。いつも必死に濡れないように傘をさしているのなんてばかばかしいな、と思えました。そして、普段刺激しない五感を刺激したことで、普段と考え方も変わっていることに気づきました。抱えていた悩みがすぽっと抜け、新しい考えが次々に湧いてくるのです。小学生の頃、梅雨の時期に学校に傘を持って行くのを忘れてずぶぬれになって、靴を脱いでアスファルトの上を裸足で帰った初々しい感触も思い出しました(両親には「頭がおかしいと思われるからやめなさい！」と叱られましたが)。

今も考えが行き詰まったり暗い気持ちになったときには、普段使わない感性を刺激するために家の近くで雨に打たれてみます。そうしているうちにだんだん面白くなってきたり考え方が切り替わったり、気持ちが安定してくるのを感じます。

普段使わない感覚を得られるのであれば、方法は何でも構いません。まずはだまされたと思って、一度雨に打たれてみて下さい。

④「置いてくる場所」を決める

これ以上考えてもどうしようもないはずなのに、気が重い——というような、どう割り切って考えても心から離れない嫌な気持ちは、人間以外の何かにお願いしてしまうようにしています。

場所はどこでも良いのですが、夫の友人は神社に行ってお祈りをして置いてくるそうで、そのお話を聞いてから、私も近所のお寺の観音様に置いてくるようにしています。観音様の前で、お願いします、ここに嫌な気持ちを置いていかせてください、これからもっともっとがんばりますから！　と手を合わせると、不思議とおだやかな気持ちで帰ってくることができます。

心が淀んで沈みがちで泣きたいような時期もありましたが、そのときは毎日朝晩と観音様の前に立って、少しお祈りをして過ごしました。そうすることによって、毎日少しだけ心が楽になったものです。

また、樹木は人の心配事や不安を養分にして生きている、という話を聞いた事があります。そこで、木に触れて、吸収してもらうイメージを持つのです。このイメージがとても大切なのですが、吸収してもらって、養分にしてもらって、もう体の中にはありません、という状態を具体的に脳に描くのです。脳をだます、というわけではありませんが、しっかりとイメージすることで脳が思い込み、実際に気持ちも体も変わっていくから不思議です。

特に都会で働いていると、木に触れることなど滅多にありません。だからこそ、わずかな時間だけでもいいので木に抱きついてみるのです。私自身、伊勢神宮や鎌倉の神社にある木、たまたまドライブで訪れた公園にあった木。今まで様々な木に助けてもらったような気がします。

⑤きっぱりと寝る

「もう疲れた、ダメだ」と思うときはだいたい体が疲れていることが多い。やる気が起きないとき、どうしても気分が沈んでいるときはいっそあきらめて寝てしまうようにしています。脳は寝ている間に気分も頭の中も整理する、と言われています。実際、起きたときには解決策が見つかっていたり、不思議なくらい気持ちが楽になっていることはたびたびあります。

このように5つの方法を紹介しましたが、大切なのは自分をコントロールできる状態にあること、そのためにどうすればいいのか理解できておくことです。男性も女性も感情に振り回されている人は敬遠されてしまいます。安定した気持ちを維持していく自分なりの方法を探っていき、いざというときに発動できるようにしておくことが大切です。

正しい取り越し苦労を、ポジティブに活かす

考え過ぎは悪いことではない

とはいえ、私も昔からやる前に色々考えて、常に最悪の事態を想定して臨んだら、結局そんなに状況は悪くなかった……ということが少なくありませんでした。だからこそ最近は、もし最悪な事態になってもきっと想定できていることだ、と思ったり、さらに一歩進んで、実際にはそんなひどいことはなかなか起こらないから、そこまで最悪なことばかり想定しなくてもよいんだな、と思えるようになりました。

ジュエリー業界で起業したときも、業界の古い会社から何か言われたらどうしよう、既得権益がこわい、ネットに変なことを書き込みされたらどうしよう、などと悪いことばかり考えて胃を痛めていました。

けれど結局、何もないばかりか、業界の中から協力してくださる方がたくさん声をかけてくれたのです。大手に勤めていたジュエリー職人や、バイヤー、ジュエリーデザイナー、宝石鑑定士、ダイヤモンドのディーラー、業界の様々な方が「力になるよ！」と声をかけてきてくださったのは、予想だにしなかったことでした。

起業して一、二年の間、取り越し苦労を繰り返しているときは、毎回勝負ごとやここぞというときには胃が痛くてしょうがありませんでした。今思えばなかなか起こらなさそうなことで悩んでしまったり、その対策に奔走したり。

けれど、それは結果的にいつもプラスにはたらいていました。自分の気が済むまでとことん考えて、できるだけ回避できるように万端の準備をすることで、安心して、かつ自信を持ってものごとにあたることができるようになったのです。

悩むのではなく考える

ネガティブ思考のプロになる。

これを意識することで、リスク管理ができるだけでなく、自分の状態をコントロールすることができるようになります。

どういうことかと言うと、どうしようどうしよう、と悩むのではなく、考える、ということです。期日をきって、「このときまでにこれをする」「この人に聞く」という解決策を考えるのです。

必ず道はある。だから、考え続けることが大切です。

ただし、それに心をとらわれてしまわないことがポイントです。私は、いくつか最悪のパターンを考え、それに対する対処法まで考え尽くしたら、それをすべて頭の中から排除するようにしています。「もういいや、煮詰めても仕方がないことは捨ててしまおう」、と。

ありえないいくらい最悪の状態、悪い運が重なったらこうなるだろう、というところまで考えたら、あとは楽しいことを考えよう、と意識的に頭の中から消してしまう。ここまでできてこそ、ネガティブ思考のプロなのです。

感情は、意識すれば誰でもコントロールできる

「気にしない」力で人生はラクになる

前に記述した通り、前例のないジュエリーづくりをしたいと言うと、頭ごなしに反対する方や、むやみやたらに脅すような言葉をかけてくる方がいました。

せっかく「私はこんなことやりたいんです！」と意を決して口にしたのに「無理でしょ」と出鼻をくじかれると、はじめの頃は傷つくどころかちょっとした怒りを覚えていました。なぜ、一歩踏み出す勇気を振り絞った人の背中を押してくれないのかと。押さなくてもせめて放っておいてくれればいいのに、なぜ芽を摘んでしまおうとするのかと。

しかし、だんだん怒るようなことでもないかな、と思えるようになりました。起業をする人は会社員に比べて圧倒的に数が少ない。出る杭は打たれるのは悲しいかな日本では当たり前、そのことについては一切気にしないことにしました。

怒ったり取り乱したりしてもよいことはまったくありません。自分も疲れるし、周りの人は不快になるし、何も生み出しません。

もちろん怒ることもあるのですが、怒りをコントロールする方法を身に着けてからは、振り回されることもなくなりました。

感情をコントロールするための3つの方法

では、どうやって感情をコントロールするか。3つにまとめてみました。

①最初から相手に期待しない

人が怒るときは、たいてい相手に期待した分と、実際に受けたものとの差があるときです。怒っているときは、「こうあるべき」という考えとの差に対して怒っていることがほとんどだと思いませんか？　実際、私たちも「やってくれると思ったのに」「どうして約束を守らないのか」「いつも反対意見ばっかり言って対案はない」など、相手への期待を裏切られたときにいらいらしてしまうのです。

つまり、最初から相手に過度の期待をせず、「こういう風にやってくれたらラッキー」くらいに思っておけば、感情は驚くほど安定します。もし怒りが首をもたげても、

「仕方ないよね」と諦める。相手に期待しないだけで、怒りの総量はずいぶん減ります。

②自分を俯瞰的に見る

自分を客観視するため、もうひとりの自分を意識的につくるのです。脳科学的にいうところの「メタ認知」というものです。客観的に「あ、今、怒っている」と自分を観察し、「何に対してそんなに怒っているのか?」と冷静に分析し、言語化する。

この力を意識すると、怒りに振り回されたり飲みこまれたりすることがぐっと少なくなり、驚くほど心がブレなくなります。怒りだけでなく、悲しみ、絶望など、いろいろな負の感情をコントロールできるようになります。

③場所を変えてみる

「普通」はどの環境にいるかで違います。挑戦を「普通」だと思うコミュニティもあれば、人と同じように足並みをそろえることを「普通」だと思うコミュニティもある。感情をコントロールしなければならないような環境からはあえて抜け出す、というのも一つの方法です。

反感を買うこともあるかもしれません。しかし、自分のために生きるため、自分の行きたいところに行けばいい、と思います。

最初から心が強い人はいません。最初から動じない心、振り回されない自分でいられる人もいません。この3つの方法は、先に述べたネガティブな気持ちを凪に戻す方法と同じく、訓練です。けれど、自分でコントロールすることができるようになったとき、一歩を踏み出すことも、人生の舵をとることもできるようになっているはずです。

第4章

ひとりでできないなら、頼る

周りの人を巻き込む方法

人生は個人戦。
でも、チームで戦う

ひとりではできないことをするために、チームをつくる

人はひとりの力でできることは限られている、と言われると、誰も反論はないでしょう。

けれど、なぜか、実際行動する段階になるとためらってしまうものです。

「軌道に乗るまでは周りには内緒にしたい」

「やりたいことなんて恥ずかしくて言えない……」

そういう人からたくさん相談を受けてきて、思うことがあります。

それは、「最初から人を頼ってしまうスタンスでいい」ということです。いろいろな人の意見を聞いて、いろいろな人の協力をあおげば、自分だけの考えでできることの何倍ものパワーが生まれます。

人生は個人戦。でも、チームで戦う。

そういう気持ちでどんどん人を巻き込んでいけば、できることがどんどん増えていくのです。

ＨＡＳＵＮＡを立ち上げるにあたり、実は会社を辞める前からＰＲ、マーケティング、販売などの仲間を集めていました。

ＳＮＳでの告知はもちろん、講演させてもらう機会があると、パワーポイントの最後のページに「マーケティングのできる人を探しています！」「事務作業が得意な方、手伝って下さい！」と載せたりして、とにかくどんな場所でもアピールする場があれば必ず仲間集めをしていました。

私にない知識を、ある人からもらってこないといけない。だから、一緒に議論する仲間を集めて、お知恵をいただく、というところから始めたのです。

ひとりがマルチタレントになるのには時間がかかりますし、全部60点で中途半端になるよりは、「私の武器はこれです」という名刺がある状態で誰かとチームを組んだ方がずっと強い力が発揮できます。情報収集すると同時に、足りないところを補ってくれるチームをつくる。

人に上手に頼ることで、私も自分だけではできなかったＨＡＳＵＮＡの強みをつくることができました。

遠慮せず、
自分のチームに巻き込む

周りの人を巻き込む5つの方法

「どうやって仲間をつくっていくか」。これはとても難しいことでしたが、私なりに必死にやる中で見えてきたことがあります。

まず、何よりも大切なのは「近くにきてもらうこと」。遠くにいる人には自分の声は届きません。最初はとにかく声を上げ、たくさんの人に知ってもらうことで、より強い力になってもらえる仲間が見つかる可能性が高くなります。

人を「使わせて」もらう

①自分がいちばん熱くなる

誰かを巻き込みたいときには、まず、自分がいちばん熱くなければダメです。これは常々言われていることでもあるのですが、ビジネスにおいて、中心にいる経営者以上にまわりにいる人が熱くなることはできません。

これは経営者にかぎった話ではありません。人が味方になって応援してくれる、場合によってはついてきてくれる要素として、自分がわくわくしていることは必要不可欠。ビジネスでも人生でも一番重要なのはそのわくわく感、自分の情熱です。

「私がいちばん考えていて、いちばん一生懸命です」と断言できないといけないし、その状態にムラがあってもいけません。万が一そのムラがあったとしても、それは見せてはいけない部分です。

常に、いちばん熱くいること。それが仲間集めの第一のステップです。

②モチベーションが高いときに周りに言う

「何かやるぞ」「やってみたい」と思い立ったとき、私はその時点で周りの人に言ってしまいます。

そうすることで、自分を後戻りできなくしてしまうのです。すぐに諦めたら恥ずかしいという思いもストッパーになりますし、思いがけず協力者があらわれたりします。

私はこれを「人の力を使わせてもらう」ことだと考えています。

モチベーションが落ちてしまったときにその人たちに会いにいくと、鼓舞されたり、

「あれどうなったの？　面白そうだったたよね」と言ってくれてまたやる気がでてきたり。ときには「ちょうどいい人がいたよ」と紹介してもらえたりもします。

自分だけで考えていると、諦めるときも自分に言い訳できさえすればいいのでハードルがとても低い。だから、あえてそれを高くしてしまうのです。

まず周りに言ってしまうことによって後戻りできなくして、周りの協力も得られる環境をつくる。「熱しやすく冷めやすい」「すぐに諦めてしまう」と感じている人は、この方法で自分にストッパーをつけてみましょう。

③できている人の近くで錯覚を起こす

最初から自分の力だけでやろうとしなくてもいい。せっかく先達がいるのだから、できるかぎり吸収して近づいてから歩き始めればいいのです。

大切なのは、「できている人の近く」にいること。

私はもともと起業なんてまったく考えていませんでしたし、学生時代も国際協力と起業は結びついてはいませんでした。

それが就活や仕事や友人の人間関係の中で、若い起業家たちに会うことが増えてきて、だんだんその状態が「普通」になっていきました。松下幸之助さんや稲森和夫さんのような「偉大なる起業家」ではなく、20代、30代の、普通の「隣の若者」が起業している姿を見て、次第に私は「起業なんて若くても、社会人経験が少なくても、ましてやカリスマでなくてもできてしまうものなんだな。だってみんな、私と同じくらいのスペックじゃないか」という錯覚にとらわれていったのです。

私がこの方法でおすすめしているのが、プロボノ（仕事で得たスキルを活かして行うボランティア）として、自分が目指す方向で成功している人の近くに行き、しっかり話をしてみることです。

土日を使ってもいいし、アフター5を使ってもいい。だんだんと自分もできるような錯覚にとらわれて、リミッターが外れるときがあります。私も、起業家の友達が増えれば増えるほど、同じレベルまで心が上がっていくのを自分で感じていました。目の前のこの人が私よりハイレベルな資金調達をしていて、従業員を抱えていて、でも普通に生きている。

じゃあ、私にもできるよね、と。

世界最高峰のシープスキンを使用した鞄ブランド「ａｎｄ ｕ ａｍｅｔ」を立ち上

げた鮫島弘子さんも、元々はHASUNAでプロボノをしていました。彼女も先日「起業というと難しく感じて私にはできないって思ってたけど、夏っちゃんを見ていたら、あ、私にもできるかも……って思って起業したの」と仰っていました。

巻き込んで仲間になってもらう

④「チーム白木」を勝手につくる

ひとりじゃできないから、助けてもらいたい。

より戦略的に自分の穴を埋めるため、私は頭の中に「チーム白木」をつくっています。

「チーム白木」は勝手に自分の頭の中でつくった自分の「応援団」です。そしてこのチームは、いくつかの「役割」で構成されているのです。

まず、引き上げてくれる人。

役割としてはメンターに近い人です。応援してくれて、アドバイスをもらえる、信頼できる方。仕事やキャリア上だけでなく、人間として尊敬できる人が良いでしょう。

次に、きびしく正直に、反対の意見をくれる人。

私は思いついたらいてもたってもいられないタイプなので、ぱっと思いついて「これやってみたい！」と衝動的になることもあります。そういうときに、「もっと精査した方がいい」と冷静に意見してくれる方がいないと、ひとりよがりになってしまう。何かを決めたいとき、思いついたとき、あえて反対の意見を求める人です。

また、一緒に上昇できる仲間。背中を押してくれる人。

やりたいと思っていることによって、必要なチームメンバーのキャラクターも違うので、いろいろなタイプの人がいると思います。けれど基本は、「自分にないものを補ってくれる人」であり、「高いところへ一緒にいってくれる人」です。

性格にもよるのですが、私のように思い立ったら動かずにいられないタイプの場合、少し慎重な人は必ずいた方がいいですし、逆にものすごく悲観的なタイプだったら、お尻を叩いて励ましてくれる人がいいかもしれない。

このチーム○○という概念を常に意識して描いていくことで、何かあったときに相談できたり、必要な話が的確にできたりするのです。

「今、私にはメンターがいない」

「一緒に頑張れる仲間がいない」

と、「チーム自分」の穴に気づくことが大切です。気づいたら、そこを補ってくれる人を探していく。

そして、チームをつくるためにまずすべきことは、「自分はこれがやりたい！」と発信し続けること。「よし、力を貸してあげよう」「がんばれ」と応援してくれる人を少しでも増やすことです。

この「チーム自分」、面白いのは、チームに入っている人が自分ではそうと気づいていないところ。勝手に自分の中でチームに組み込んでしまえるところです。

もしかしたら私も誰かのチームに入っているかもしれない。けれど、そうやってたくさんの人がつながっているから面白いのです。

⑤相手に期待しすぎない

私のやり方はとにかく「助けてください」から始まります。誰かできる人はいませんか、と。

けれど同時に「助けてくれなくて当たり前」という気持ちはなくさないようにしています。

起業したてのころ、とにかくいろいろな人にお願いしてばかりでした。それは仕方のないことなのですが、いちいち、ひとつひとつのお願いに対して期待を持ってしまっていた。「どうしてこんなに必死なのに助けてくれないんだろう」と思っていじけたこともありました。けれど、そう思っても助けてもらえるわけでもなければ、自分が疲れてしまうばかりで何も得るものはない。そうするうちに、

「こうやったから相手はこうしてくれるだろう、という期待はしない」

という今のスタンスがうまれました。「もし助けてくれたらとんでもなくラッキーで、神様だと思おう」、と。プロボノで参加すると言われたらラッキー、カナダのダイヤモンドも個人なのに取引をしてくれてラッキー、相談に応じてくれてラッキー、なんです。だから感謝しか残りません。

同時に、誰かに何かをお願いされてするときにも、「してあげる」という気持ちは一切もたないようにしています。見返りは一切求めず、もし返してくれたらラッキー、ありがたい、というような気持ちでいるようにしています。

こうして肩の力を抜いて人と接するようになったことで、何かに執着するよりもずっと楽になりましたし、全ての人間関係がうまく回るようになりました。

説得しない。やって見せる

たとえば組織を大きく改変しようというときは、反対されることがほとんどです。

「うまくいっているのにあえて変えなくてもいい」

「スムーズに回らなくなるリスクがある」

あくまで私の実感値ですが、世の中の8割は保守的です。あえて冒険するようなことを好まない。どうしたらそうした人を説得できるんだろう、と悩んでいまいした。

そんなとき、とある東証一部上場企業の社長さんと食事をしていたのですが、そのとき言われた言葉がとてもインパクトがありました。その社長は還暦を迎えているのにも関わらず、まだまだたくさんの新規事業を立ちあげて、これから日本一を目指すんだと夢を語れるとてもパワフルな方です。

「でも、新しい事業を立ちあげたり大きなビジョンを掲げるとき、なかなか従業員は思うように動いてくれないでしょう？　どうやって説得しているのですか？」

そう聞くと、

「説得しないよ」

という答えが返ってきたのです。えっ、と私のおどろいた顔を見て彼は言いました。

「説得したって誰も動かないから、まず自分で動く。自分が動いてちゃんと切り拓いたら、やっと2、3割の人が『あ、できるんだ』と気づいてくれる。そうすれば残りの人たちはみんなついてくるよ」

人を巻き込むとはこういうことなんだ、と実感しました。

自分が動いて、切り拓く。そうすれば人はついてくる。どんなチームでもこれは普遍的だと思います。

地球にいるなら、
会いにいく

フェイス・トゥ・フェイスでしか伝わらないこと

もしインターネットがなかったら、起業できていなかったもしれない。そう思うほど、ネットの力には感謝しています。情報発信も受注も、取引先の開拓も、ネットがなかったらどうしていたのか、想像もつきません。

けれど、私がそれでも大切にしていることがあります。

それは「フェイス・トゥ・フェイスで伝える」ということです。

取引のある鉱山には実際に足を運んで現地の方とお話をしますし、仕事上でも大事な話は絶対に顔を見てお話しするようにしています。

それは、二次的な情報だと100％理解することはできないからです。伝える側の人間が現地に行っていないと、説得力がないし、なにより伝えるコンテンツがない。実際顔を合わせると、少し不安があった取引でも、同じ目的、同じ志を持っていると知れば、ぐっと距離は近づきます。

普段のコミュニケーションも同じことです。

真剣に共有したいと思うことは、表情で、音声で、そして場を共有して伝えることが大切です。少なくとも私はそうするようにしています。相手に熱を伝えなければ、伝わらない。伝わらなければ、伝えなかったことと同じです。

世界中を飛び回るうちに、地球にいるならどこにでも誰にでも会いにいける、と思うようになりました。日本の中であれば、なおさらです。同じ街にいるなら、同じ会社にいるのであれば、なおさらです。

人が動くのは顔を合わせているとき、なのです。

ペルーと表参道がつながるとき

2013年の秋、金の取引をしているペルーの鉱山に初めて行ってきました。ペルーまで日本から三十時間ほどフライトしたあと、鉱山がある町チャラへの移動はペルーの首都、リマからバスで十時間。とんでもない長旅でした。現地の人にも「チャラに行く」と告げると「そんな町に何をしに行くんだい?」というような顔をされるようなところに、その鉱山はあります。

「フェア・マインド認証（環境にも人にも配慮した、公正な採掘）」をコロンビアのARMという国際非営利団体がつけていた鉱山であったため信頼はしていましたが、実際どんなところなんだろう、どんな家族がいるんだろう、どんな思いで採掘しているんだろう、と顔を合わせて知りたいたくさんのことに胸をふくらませながら、チャラに到着しました。

そこはもともと1980年代の内戦で国内をさまようことになった難民が集まってできた小さな村。金以外の資源がなく採掘を始めたものの、水銀を使って精製しなければならなかったり、ヘルメットも何もない状態で、環境は劣悪でした。

そこできちんと会社化して整備しよう、と難民の方を含む約90名で出資し合い、鉱山の採掘権を買い、会社化することで安全危機管理を向上させつつ国の基準を守っていこう、と動き始めたのが始まりの鉱山です。それからは自分たちで少しずつ金を掘って、得た収益で機械を買い、安全設備を整えて、またそれで金を掘って――と、こつこつ環境を整えてきたそうです。

現地では、ヨーロッパやアメリカからはバイヤーが来るけれど日本人は初めてだ、と、とても歓迎してもらえました。

はにかむ笑顔の可愛い子どもたち。

私の子どもの写真で破顔する鉱山のおじさん。

私たちの支払ったお金が寄付されている小学校の児童。

そこには、私が大学時代に見て衝撃を受けたインドの鉱山とは違い、ほんとうに笑顔があふれていました。

そして、実際に私たちが支払ったお金がどう使われているのか目の当たりにし、純粋に感動しました。どういう思いで採掘しているのか、という背景を知り、より取り扱う金に愛情が深くなった。顔を見て、相手をひとりの人間として知ることで、それまでと段違いの満足感を得ることができた。二次情報の「知識」として知っているときと、「想い」が違うのです。

それを感じてあらためて、HASUNAの意義が明確になりました。

地球の裏側からこちら側まで――鉱山の坑道から表参道の店まで、すべて笑顔でつないでいく、ということ。そして、いい素材を使っている、ということだけではなく、その素材がとれた場所の自然、人や文化などを伝える役目があります。それは、「ネットに書いてありました」では絶対に伝わらないことなのです。

人といるということは、人生をシェアしているということ

異質な人といるから視野は広がる

一緒にいて居心地のよい人とばかりいるのではなく、その心地よいところから外に出るべきだ、と私は思います。

誰かと一緒にいる、ということは、その人の人生を自分もシェアできるということです。結婚なんて、まさにそうです。生まれも育ちも文化も全然違う赤の他人と共同生活をすることで、その人の人生も味わうことができる。人生が2倍に、子どもができたら3倍、4倍にも味わえます。

人間関係も同じです。人生をシェアさせてもらうし、自分もシェアする。それによって自分だけでは見ることのできなかった景色を見られるようになる。いわば人生経験の交換作業です。考え方、生き方をシェアするからこそ、自分に似た人たちだけではなく異質な人、憧れの人と一緒にいることで人生が豊かになるのです。視野も広がるし、新しい気づきもたくさんあります。

私は「自分で自分の道を切り拓いている人の人生をシェアさせてほしい」と思って

いたので、そういう方の近くに積極的にいくようにしていました。考え方も生き方もとても勉強になって刺激を受けて、「私もこういう生き方にしたい」と思うことがたくさんあります。

ほかに意識的に近くにいくようにしているのが、自分を冷静で厳しい目で見てくれる人。経営者という立場上、なかなか怒られなくなってしまったな……と思っていたら、思いがけず夫がこのタイプだったのでとても助かっています。

「ブランドとして、これはよくない」

「ちゃんと数値見てる？」

「甘いよ」

など、耳が痛いことを毎日のように指摘されてウンザリすることもありますが、「なるほど」と納得することも少なくありません。

自分の人生だから、自分の会社だから、ワンマンになってよいか、というとそうではありません。厳しい意見はヤスリのようなものです。宝石と同じで、研磨をしていかないと、光り輝く美しいものやよいものはできません。

耳に痛い意見は「新しい視点をもらえてラッキーだったな」と受け入れていくと、

いずれピカピカ光った自分になれるかもしれません。

憧れの力で、憧れの場所にいく

なるべく愚痴を言わないようにしよう。できるだけポジティブでいよう。私がそう思うのは、憧れの経営者の方々にそういうスタンスの方が多いからかもしれません。彼らをイメージして、自分が生きていく目印にしているのです。「もし彼らなら今、どういう選択をするだろう？」と。

憧れの力、これはバカにできない力があります。

赤面症で人前で話すことなんてとてもできなかった私は、クラスのみんなの前でスムーズに話せる子にとても憧れていました。「ああなりたい」と思った。だから、その子に近づけるように努力しました。素敵だな、と思ったプレゼンがあれば、それをイメージしながらお風呂で何度も練習しました。

「こう生きたい」と思う人がいるということは、具体的なイメージがあるということ。そこをトレースすることで、素敵な人生をたくさんシェアさせてもらえるのです。

第5章

自分は、自分の人生の経営者

常に主体的な自分を育てる

もっとも輝くカットや
磨き方は、
石によって違う

ダイヤにはダイヤの、自分には自分のカットがある

「自分の強みを知る、自分のフィールドを探す」を意識することは、人と違う、自分なりの結果を出すためにもとても大切です。人それぞれ、興味を持つ場所も違えば性格も違う、経験や仕事も違えば得意なことも違うからです。

みなさんも、実物でなくともダイヤモンドを目にしたことがあると思います。細かいカットが施され、横から見ると五角形のような形をして、きらきらと光を放っている——。

実は、石というのは、種類によって「美しいカット」が違うのです。ダイヤモンドは面をたくさん作るカットが美しい。エメラルドカットというものもあるし、オパールだとカボション・カットというものもある。たとえばこのオパール、ダイヤモンドのように面をたくさんつくっても全然輝かないのです。つるっとした面にしないと、オパール特有の遊色が充分に見えなくなってしまう。逆に、ダイヤモンドをオパールのようにつるっとさせてしまうと、ただのガラスのようになってしまうのです。本当

に個性豊かですし、カットを間違えると石の魅力を引き出せないばかりか、殺してしまいます。もちろんカットだけではなく、より素敵な輝きを放たせるための磨き方も石によってまったく違います。

ただ、ひとつだけ共通することがあります。

それは、どの石も原石を叩いて磨いて研磨しないときれいにならない、ということです。それも、適切に、です。石も、適切なストレスをかけていかないと美しくならないのです。叩かれたり磨かれたりするというストレスは必要不可欠で、それを経た石は、必ず光ります。

それぞれ、光る場所やカットが違う。これは私たちも同じです。

人によってタイプが違えば、得意なやり方、やりたいこと、幸せを感じることも違います。自分の光の当たる場所が、昔からの夢を追いかけてスポーツの世界に飛び込むことかもしれないし、起業かもしれない。誰かの夢をサポートすることかもしれない。他の会社で働くことかもしれない。みんなを率いる方が光るタイプの人もいるし、トップを補佐するのが得意な人もいる。

他人のカットで光ろうとしても、もやもやとした暗黒時代からは抜け出せません。

自分で選んだ道を進めば、他人にとって不正解でも、自分にとっては大正解。なによりもその、「自分の光るカット」を見つけることが大切です。

自分のリズムを見つける

自分が心地よい「やり方」を見つける。それを意識しなければ、目標まで遠回りをしてしまうかもしれません。

自分のリズムをキープすることは、自分が無理なく、心地よく過ごすために必要不可欠。向いていないことを無理にやるのは、不幸なことです。それは、自分のリズムを失っている状態です。

これは知人に言われたことなのですが、

「リーダーには野村監督タイプと長嶋監督タイプがいる。野村監督は『論理的にがんがんやる』タイプで、長嶋監督は『よくわからないけど伝わるものがあって周りがやっちゃう』タイプ。白木さんは長嶋さんタイプだね」。

それまで野村監督のような、理路整然としてしっかり周りを引っ張るようなリーダーにならないといけないのかな、と思っていたのですが、「あ、そうじゃないんだ」と教えられました。私ががんばって野村監督のようになってもきっと説得力はないし、なにより続かない。続かないと意味がありません。

自分のリズムを知って、キープする。

憧れている人と同じように振る舞っても、もともと持っているリズムが違えばうまくいかないことはたくさんあります。自分のタイプ――自分のリズムを知らないと時間を無駄にしたり、遠回りをしてしまうかもしれない。早いリズムの人もいるし、遅いリズムの人もいる。自分が心地よいと思うリズムで奏でていければいいなと思うのです。

愚痴は、主体的に生きていない証拠

ガス抜きしても同じ場所に留まるだけ

前の会社で働いていたとき、「ガス抜き飲み会」に出席したりお店で遭遇したり、ということが多々ありました。

「あの人、全然分かってないよね。ウザい」

「だからうちはダメな会社なんだ……」

誰かを責める会だったり、自分の不運を嘆く会だったり誰しも一度は参加したことがあるのではないでしょうか。

こうした会は夜な夜な日本中のいろいろなところで開かれています。けれど、起業家の方々とお会いするようになってから、私はなるべくそういう会には出ないようになりました。

ダボス会議でご一緒したライフネット生命保険の岩瀬大輔社長も「政治のことや社会のことを愚痴るような起業家にはほとんど会ったことがありません。彼らは自分たちで行動を起こして社会を変えていこう、というタイプだから」と仰っていて、なるほどなと思いました。

愚痴は、その場で発散して気持ちよくなってしまうだけで、根本的には何の解決にもならない、とあらためて気づかされたのです。

なぜか人間は、愚痴を言ったり不満を口にしたりすると、なんとなく気持ちよくなってしまうものです。でも客観的に見て、愚痴や悪口ばかりの飲み会というのは気持ち悪い。お酒もご飯もおいしくない。

これは前に書いた「諦める才能」のひとつなのではないか、と私は思います。管理職じゃないから。進言して目をつけられると嫌だから——。

つまり、誰かのせいにして責めたいだけ、ちょっとすっきりしたいだけ、なのです。これは主体的に生きていない証拠ですよね。言えば解決するかもしれないことでも、言わずに飲み会で愚痴って、お酒の力も加わってすっきりして、次の日また会社に行って夜、居酒屋で愚痴る。それは、同じ場所でぐるぐる滞留しているだけなのです。

愚痴転じて「じゃあどうする？」

起業家の方々とお会いするようになり、自分が気持ちよくなるだけの愚痴をやめ、「ここが嫌だからこうしたい」という具体的な話をしてみると、驚くほど建設的な明るい話になってくることを実感しました。

上司に理解がない、じゃあどうする？　今の仕事が嫌だ、じゃあどうする？　夫が家事に協力してくれない、じゃあどうする？

前向きに考えると、このようにいろいろな「じゃあどうする？」という問いがうまれてきます。その結果、チームを変えることになるかもしれない。職を変えることになるかもしれない。何らかの行動を起こそうと決意するかもしれない。

その分、今までの生活にプラスアルファで「しなければならないこと」が増えるかもしれませんが、愚痴を言い続ける人生よりも格段に毎日が楽しくなります。

人生の根本は「楽しく過ごしたい」

前に進まない無限ループの生活をしたくないな、と私が思うのは「宇宙に比べて刹《せつ》那《な》しか与えられていないのに、時間がもったいない」ということに尽きます。

働いていれば愚痴を言いたくなることはいろいろありますし、仲の良い友人とたまに言い合うのはストレス発散にもなると思いますが、毎回毎回集まってはネガティブなことばかりを言い、解散し、また翌日から愚痴を溜め込む……というのは、なんとも不経済。

一日は二十四時間しかありません。しかもその中の七、八時間は寝てしまいます。残り3分の2しかない時間、せっかくなら、笑って過ごしていきたいのです。

どう楽しく過ごすか、どう前向きに過ごすか。常にそう考えるのは、「人生は楽しい時間が多い方がいい」、という当たり前の大前提があるからです。

ネガティブな言葉は追及して解決する、ということを自分の課題にしてみると、視点が変わっていくのがわかります。それだけで、主体性がぐっとあがるのです。

残りの人生で今がいちばん若いからこそ、今、変わる意識を持つことが大切です。

「一筋縄でいく」生き方を選ばない

高校のころ、文化祭でクラスの出し物についてディスカッションをしていたときのことです。

クラスごとにミュージカルか展示か選ばなければならない中で「ミュージカルは大変だから、ラクそうな展示にしようよ」という人がいました。つい、

「ミュージカルが大変だから選ばないなんて、そういう発想はおかしいよ。そうじゃなくて、展示でもミュージカルでも、一位になろうと思ったら一生懸命やらないといけないじゃない」

と熱く語ってしまったことがあります（普段は大人しいのに、と驚かれたに違いありません）。

けれど、今でも、何をやるにしてもそういうことだ、と思っています。

大きなことをしっかりやろうとしたら、働いていても、起業しても、たとえお笑い

でもお祭りでも、ちゃんと努力しなければいけない。

何かやりたいと思ったら、それは一筋縄ではいかないものです。もし自分の人生を主体的に生きようと思うのであれば、それはまず一筋縄にはいきません。

反対する人や変な噂、裏切り。苦労や壁。そういうものを乗り越えていかないといけない。けれど、乗り越えたからこそ見える景色があります。登山と同じです。

実は、というほどでもありませんが、起業家はとにかく努力家が多い。地味で地道な作業を厭わないのです。

先ほどの上場企業の社長さんも、還暦を迎えているけれど「まだまだ勉強中だよ」と私に会って親身に話を聞いてくださいます。今までお話ししたり対談させていただいたどの社長さんも、遠くから見ていると一見華やかに見えますが、実際詳しく仕事について伺うと、ものすごく小さな努力を積み重ねている。地味で地道な作業を積み重ねていくことは当然、と思っているように見えるのです。

起業に関係なく、会社の中で頑張り食っていくだけのスキルを手にすることも、家族が満足する家庭をつくることも、一筋縄かといえばそうではない。そこのラインでしっかりがんばらないといけません。

何ひとつスムーズにいかず「どうしてこんなに苦しいんだろう」と思い悩んだときもありましたが、今、一筋縄でいかない人生がとても楽しいと感じています。

インプットをコントロールして、アウトプットにつなげる

情報は、「流れてくる」ものではなく「取りにいく」もの

なるべく多くのニュースソースから情報を得ることの大切さを、私はイギリスで学びました。日本のテレビニュースばかり見ていると、カメラがぐっと近くに寄ったまま固定されてしまうのです。殺人、自殺、虐待。自分たちの島の中の悲しい出来事を、ひたすらに流します。

けれど、ＢＢＣやＣＮＮをつけると、今日はアフリカでこんな事件があった、中東や南米でこうなっている、など視野が広い。日本で報道される世界のニュースがいかに一側面からしか見ていないかということを知ると、愕然としてしまいます。

普段どのニュースを見ているかで、視野や考え方はまったく違ってきます。ＢＢＣやＣＮＮを日常的に見ているだけで、ただ日本のテレビを流し見するのとインプットの質と量が大きく変わってきます。世界中の鉱山と日本をつなぐ仕事をしていると、日本がいかに世界から隔離された場所で偏った情報に触れているのか、ということを痛感するのです。

一日に発せられる情報の量はDVD約三億枚分に匹敵するというデータがあります。その膨大な情報の中から本当に自分が欲しているものを自ら取りにいき、取捨選択しながら生きていかないといけません。

我が家にはテレビはありません。ほしい情報はネットと雑誌、あとはラジオと本で積極的に取りにいっています。

勝手に無意識の中で入ってくる情報はなるべく少なくしたい。時間と同じで、自分の脳にも限りがあるからです。だからこそ、脳が欲しいと思う情報に特化してインプットしくように心がけています。

選択肢の出会いには寛容に

けれど、情報の取捨選択に関して、すべての無駄をなくしているわけではありません。すべての無駄をなくしてしまうと、新しい情報との出会いに気づけない。選んでいるようで、とても偏ったものになってしまいます。

私は、「情報の出会いには寛容に、選択は真剣に」と考えています。

比較的本は読む方なので、時間があるとよく書店に行くのですが、これはある意味、無駄に見える行為です。目的買いであればすぐにネットで済ませることもできますし、わざわざ重たい荷物を抱えて歩かなくてもいい。

けれど、書店に行くことで、自分が考えてもみなかった本との出会いがあります。装丁を見て立ち読みして、今まで興味がなかった分野だけど面白いな、と思えたりもする。じっくり比較して選ぶことで、新しい気づきがある。そこで普段の自分が選ばないような、新しいインプットのチャンスが生まれるかもしれません。

情報の取捨選択は大切です。けれど、最初の出会いは広い中から自分で選ぶ、という行為で可能性を狭めないでいることが、「情報とのお付き合い」の上で大切なことなのです。

良質な7つのインプット

インプットが枯れていると感じるとき、私は意識的に情報を取りにいきます。まとめてみると、だいたいこのようなことをしているような気がします。

①地図を見ずに街を放浪する
②行った事の無い国へ旅に出る
③本屋に行く
④本を読む
⑤人に会う
⑥講演会に行く
⑦美術館に行く

クリエイティブな発想はインプットで得た知識の積み重ねがないとできないし、インプットが足りなければオリジナリティもイノベーションも生み出すことはできません。クリエイティブな活動をしている人にとって、インプット不足は致命的です。けれど私は、クリエイティブな発想やアウトプットが求められない人でも、インプットの重要性は変わらないと思っています。

たとえば雑談力や営業力。これらは人とのコミュニケーション力が肝になりますが、そのコミュニケーション力というのは、その人の知性を物語るものです。知性を培うには、自分から積極的に情報を取りにいってそれを積み上げていかないといけない。積み上げることによって結果的にコミュニケーション力というものに昇華する。

ＨＡＳＵＮＡの共同経営者にジュエリー販売のプロフェッショナルがいるのですが、彼女は本当にプロで、お客様が魔法にかかってしまうように見えるのです。そんな彼女が日報に書いていました。「販売は知性だと思います」、と。続いて、日常でどれだけ情報収集したかによって、お客様とのコミュニケーションの「花」の開き方がぜんぜん違う、と書いてあったのです。私はその言葉の深さに驚きました。

ＨＡＳＵＮＡにはさまざまなお客様が来られますが、知的レベルの高い方、ジュエリーに対しても社会情勢に対してもきちんと知識のある方がとても多い。

そんなお客様と対等にお話しするためには、自分自身の知的レベルを上げていかないといけない。お客様が納得するくらいの知識もないといけない。ひとつひとつの宝石に関しても、日常的に深く掘り下げて知ることがとても大切になってくる。

これは販売でなくても、営業でも何でも同じことなのです。

クリエイティブに人生を送るために、「スイッチ」をつくる

閃きの「スイッチ」は自分でつくれ

だらだら長い時間、働いてしまう。休日も気がつけば夕方になっている。

そういうときは、刺激をうまく生活の中に取り入れることができず、なんとなく時間を無駄使ってしまっている、ということが多いように感じます。

大切なのは自分でスイッチを切り替えられること。スイッチを自分のコントロール下に置くことです。

たとえば、私の「アイデアがどんどん出てくる瞬間」は、ほとんどが移動しているときです。新幹線の中だったり、飛行機の中だったり。

どうしてだろう、と思って調べたときに何かで読んだのですが、自分がいる場所と外のスピードが違うときは脳がすごく活性化している、とのことでした。ドライブしているときも景色と自分の体感スピードが違いますよね。あれが実は脳をすごく動かしている、と。

だから私は、意識的にそういう「乗り物の中」に自分を置くようにしています。

もちろん、何も考えていない状態で、知識もなく、ゼロからぽん、と閃きが生まれるわけではありません。過去の知識の積み重ねの中で何かと何かがつながる感覚です。もしかしたら「乗り物に乗っているとアイデアが湧いてくる」という暗示も効いているのかもしれませんが、これが私のひとつのスイッチです。

「神が降りてくるモーメント」

新しい考えが浮かばなくなったな、刺激がないな、「神が降りてくるモーメント」がないな、というとき、私は意識的にスイッチを入れるようにしています。「神が降りてくるモーメント」と私が呼んでいるのは、発想やインスピレーションが、電気が通るようにぱっと浮かぶ、まさしく「降りてくる」ときのこと。

10年後こんな会社にしよう、ジュエリーのデザインはこうしよう、といったことは、長く考えているときに浮かぶわけではありません。ふいに、ぱっと思いつく。

その「あっ」という閃きを増やすため、スイッチを自分で意識的に開拓していきました。日常の中にたくさんのスイッチを埋め込んでいくのです。

コーヒーを飲む。ある人のツイッターやブログを読んで刺激される。ヨガをする。散歩に出る。床に寝てみる。音楽を聴いてみる。

特にヨガは女性に人気ですが、男性にももっと広まればいいのに、と思います。毎日取り入れることで、生活の中に脳のＯＮ／ＯＦＦのスイッチを入れる習慣ができ、明らかに頭がうまくはたらくようになりました。朝十分、夜十分ずつの日課です。

夜はよいイメージ、成功のイメージを思い浮かべ、ネガティブな姿を消していく。人間は寝ている間に脳を整理するので、ネガティブなことを頭から消して寝ることで、睡眠の間にいらない情報を整理し、明日のために脳の中に広い空間をつくっていくのです。パソコン用語でいうと「デフラグ」に近いイメージです。

ただ、実はヨガでなくても大丈夫です。深い呼吸をするだけでもいいし、掃除でもいい。

インドの人は、朝と夜にヨガをすることで瞑想に近い効果を得ているそうですが、昔の日本においてそれは掃除だったとどこかで聞いたことがあります。体を使う、気を整える、また、無心になれるという点で、掃除はヨガと一緒なのです。

考えや思いは、すべて言葉にする

自分の言葉で話す

会社の経営をする中で、「自分の言葉で考える」ことの大切さを改めて実感しています。頭の中にはあふれる思いがいっぱいあるのに、いざ人に伝えようと思ったらうまく言葉にできなかったり文章にできなかったり――それではないのと同じになってしまいます。

だから、必ず「言語化」する。何がしたいのか、どうして自分がそう思うのか、そのために何を考えているのか。言葉にすることで脳は整理され、納得するまで考えることができます。

それだけでなく、普段から自分が感じたことや思ったことについて、言葉にする習慣をつけることが大切です。なぜ不快なのか、なぜ素敵だと思うのか、何に心を動かされたか。この本では心を鍛えるコツや考え方のコツ、シチュエーションによって自分に言い聞かせている言葉を挙げていますが、それもたくさん考える中ですべて自分の中で言葉にしてきたものです。

自分も人も動かすためには、言葉をつくっていくのがいちばんの練習です。

完了形で書くノートをつくる

この「書く」という行動をより具体的に起こしているのが、私がお正月、毎年書いているノートです。特に名前はないのですが、仮に「十年ノート」とします。どんなノートかというと、今から十年先の自分の「こうなっていたい」「これをしている」ということを事細かに書いていくためのノートです。

32歳であれば、42歳でどうなっていたいか。どんな自分でいたいか。そういうことを具体的にイメージして、思いついたことを100個、ノートに書き連ねていきます。しかも、書いたら見直しません。それっきり、です。

書く内容は「どんな仕事をしている」という大きなレベルではなく、もっと些細なこと。たとえば「週に1回は家族全員でごはんを食べる」、「ネイルはいつもきれいに整えている」、「親孝行している」「テーブルの上に飾る一輪の花を大切にできる生活をしている」など、日常のことや小さい出来事です。

私の中でこれは、完了形で書くルールにしています。「〜したい」ではなく「している」、と。希望ではなく、言葉にすることで10年後の事実として頭の中に整理していくのです。

一度やってみるとわかると思いますが、100個書くのは結構大変なことです。それでも過去を振り返ったり未来を想像したりしながら書いていく。「子どもの誕生日を手料理で祝っている」「会った人には必ずはがきを書く」、そういうレベルのこともでてきます。

けれど、十年後の自分を100項目も思い浮かべて言葉にしていくと、「あ、私はなんとなくこういう人生にしたいんだな」というゾーンが見えてきます。無意識にそれはインプットされて、進む方向が見えてくる。そうすると、大きな選択があったときも、自分が思い浮かべていた未来の姿があればどっちを選べばよいのか自然とわかってきます。

時間を行き来して人生を生きている気分です。自在に時空を飛び越えて考える。そうすることでかえって、今が見やすくなる気がしています。

ライフイベントを、活かす

「三年」をどこに置くか

仕事と結婚、出産、子育て。そのタイミングやバランスのとり方は、当事者である女性も、パートナーである男性も、同じくらい悩ましいところではないでしょうか。

前の会社で働いているとき、「これからの人生どうしよう」と考えながら26・27・28・29…と数字を並べて紙に書いてみたことがあります。結婚はここらへんかな、出産はここまでかな、と書きながらよくよく考えてみると、「結婚すること」自体は一瞬のことで通過儀礼のようなものだけれど、出産は、かたまりの時間として前後三年をとられてしまう。この三年間のキャリアは中断、そうでなくても全力を傾けることはできません。この三年をどこに置くかは大きいぞ、と。そして、「起業したらきっと三年間は休めない。ということは、起業の三年と出産の三年をそれぞれどう組み合わせるかが大事になってくる」と考えるようになりました。

そこで、ライフプランを2パターン設定しました。

ひとつは今の仕事を三年つづけて、結婚・出産してから起業するというプラン。

もうひとつが、最初に起業して出産して、自分の会社に復帰するというプラン。まだ結婚もしていないときでしたが、このときに明確に「起業も結婚も出産もしたい」と思っていたので、それなら三つの要素をどう組み合わせるか、自分で決めようと思ったのです。

ちょうどそう考えていたときにリーマン・ショックが起こり、勤めていた会社が傾き始めました。再就職するにしても、当時は金融業界で首を切られた人たちが転職市場にはあふれていて、私のような二、三年目のファーストキャリアの人間は需要が低い。「やるなら今しかない」と、必然的にパターン2を選ぶことになりました。

自分の望む人生を歩むために、こうしたイベントをどう考えていくか。

「リミットをうまく活かす」、これに尽きると思います。

私の場合、35歳までに出産をして、事業も安定させていたい、と思った。生き急いでいたかもしれませんが、前のめりに考えることで両方の目標を達成することができました。

実際は三年を待たず元のペースに戻せたのですが、心構えとして「その三年をどこに置くか」という考え方、男性、女性ともにぜひ活かしてみてください。

人生とは、冒険そのもの

順風満帆にするために、帆の向きを自分で変える

小さいころから「自分は運が悪い」と思っていました。人見知りだったり、太っていたり、集団が苦手だったり、歯並びが悪かったり、そもそもの素材が人より劣っている、と。

けれど大人になって、あの頃は「運」という言葉に甘えていたんだな、と思うようになりました。

「あの人は運がいい、人生順調だ」「才能があるからうまくいくんだ」という妬み嫉みは、自分の意志で人生をよくしようとしていないということ。

運がいいというのは、いい出会いやいい仕事を呼び込み、いい人生にするということ。つまり、自分でがんばらないといけないのは当たり前だったのです。

よい風ばかりが吹いて順風満帆に見える彼らは、自分で風向きを変えたり、帆の向きを変えることで運を呼び込んでいたのです。水面下で足をバタバタ動かす白鳥のようなものです。「あの人はずるい、ツイてる、恵まれている」と指をくわえて見てい

る時間があるなら、まだまだやるべきことがあると気づきました。

しかも、「やるべきことをする」という行動は負荷ですが、実はこの負荷こそ、人間の脳にとってなくてはならない要素だそうです。ストレスがありすぎてもいけない一方、なさすぎてもいけない。だから、ストレスをかけては抜いて、またストレスをかけては抜く、という流れが大事なのです。

自分にある程度の負荷をかけて、ゆっくり休む。そしてまた少し頑張って、休む。そうして、とても運の悪かった私が「ラッキーな方だ」と思えるようになったように、自分自身で運を呼び込むことができるようになれるのだと思います。

冒険する楽しみ

人生は、毎日が冒険です。

ＨＡＳＵＮＡも少しずつ成長し、新しい鉱山との出会いが増え、新しくペルーを開拓できました。日本の中だけでなくいろいろな国の人たちと出会えて、世界がどんどんひろがっていく感じを実感しています。

チームをつくって、レベルアップして、情報を集めて、新しい世界に繰り出す。まるで冒険小説のようです。

冒険小説を読んでいて面白いのは、自分のレベルがあがって新しい町に行くと、同じくらい高いレベルの敵が出てくるところ。だから、現実でも高い壁に会うと、自分のレベルあがった証拠だな、と思う。

ただ違うのは、目的が大魔王を倒すことではないこと。

私の場合、豊かな世界を目指して仲間が集まっている、ということです。

自分にとっての大魔王は何か？　チームは？　武器は？　特性は？

今ここから、「自分のために」生きてみてください。

人生とはまさに、冒険そのものなのです。

最後に

宇宙のことを考える。地球の裏側のことを考える。そして、目の前のことを考える。こうしてレンズの高さや広さを変えると、怖かったり、臆したり、ネガティブだったり、そんな気持ちが消えて一歩を踏み出す勇気がお腹の底から出てくる。

過去から考える。未来から逆算する。「今このとき」を全力で生きる。

こうして時間をズームしたり引いたりしてみることで、余分なことをそぎ落とせ、今やるべきことがはっきりと見えてくる。

面白い話があります。

実は、金という素材は、地球でつくることはできません。地球上でいかなる物質を組み合わせたり化学反応を起こしても、決してうまれてこない。今の技術をもってしても、不可能なのです。

では、金はどこから来たのか？
それは、宇宙だと言われています。
気が遠くなるくらい太古の昔、10億年以上も前の話。とある星でつくられた金はその星に乗ってやってきて、地球にぶつかった衝撃で世界中に飛び散った。そして、採掘されるまで、気が遠くなるくらい長い時間を地球の中でじっと待っている。そしてようやく掘り起こされ、磨かれ、加工され、私たちの手に届く。

私たちが身に着けている金というのは、そういう素材です。人間の一生とは比べられないくらい長い時間を旅しているものを、刹那の瞬間を生きている人間が手にとっている。まさに宇宙からのギフトなのです。

宇宙に思いをはせると、すべてがたいしたことじゃないように思えてきます。けれどそれは、自暴自棄な意味ではなく、前向きなものです。私の失敗なんて、自意識なんて、笑ってしまうくらい小さいこと。だから思い切って前に進んでみよう、と。

自分のために生きる、という言葉は、ともすれば自己中心的にとられるかもしれません。

けれど、すべての人が自分のために生きる権利を持っている、と私は思います。一握りの、才能のある、恵まれた人のものではありません。

自分の頭で考え、自分の意志で決め、厳しくて、それでも楽しくて仕方がない世界が待っています。

すべては考え方ひとつです。

今全力で生きられていないと感じている人だって、本当の自分の声に耳をかたむけ、考え、行動すれば、今日から変われます。

楽しい人生を！

本書の執筆にあたり、伴走して下さったダイヤモンド社の田中裕子さん、アドバイスを下さった天狼院書店の三浦崇典さん、素敵な装丁デザインをしてくださったｔｏｂｕｆｕｎｅの小口さん、平山さんには本当にお世話になりました。

世界中の採掘現場の皆さん、職人さん、ＨＡＳＵＮＡを選んでくださるお客様、いつも一生懸命笑顔で働いてくれるスタッフ達、愛する家族、そして支えてくださるすべての方に心からの感謝を申し上げます。皆様の人生が、輝きに満ちたものでありますように。ありがとうございました。

白木夏子

ペルーの鉱山にて

長旅を経て鉱山につき、思わずハグを

鉱山で働く方々の笑顔は、とても素敵

鉱山が出資して建てられた小学校の子どもたちと

事務では、鉱山で働く方の娘さんが多く働いている

危険を伴う作業だから、常に真剣

世界中の子どもたちに笑っていてほしいから

HASUNAの由来

HASUNAのブランド名の由来は、
泥の中から天に向かって咲く蓮にあります。
インドやベトナムなどアジアの各地域では、
古くから清らかで美しい力の象徴として
愛でられています。

蓮の蕾をモチーフにした婚約指輪

[著者]
白木夏子（しらき・なつこ）

株式会社HASUNA代表取締役・チーフデザイナー。
1981年鹿児島県生まれ、愛知県育ち。短大を卒業したあと、2002年ロンドン大学キングスカレッジ進学。国連インターン、投資ファンド会社を経て、2009年HASUNA設立。人、社会、自然環境に配慮したエシカルジュエリーブランドを日本で初めて手掛け、注目を浴びる。テレビや雑誌やはじめ、あらゆるメディアに出演し、そのビジネスと生き方に絶大な支持を集めている。世界経済フォーラムGSCメンバー。

自分のために生きる勇気
――流されない心をつくる33の方法

2014年3月20日　第1刷発行

著　者――白木夏子
発行所――ダイヤモンド社
〒150-8409　東京都渋谷区神宮前6-12-17
http://www.diamond.co.jp/
電話／03･5778･7232（編集）03･5778･7240（販売）
装丁・本文デザイン――小口翔平＋平山みな美（tobufune）
本文DTP――桜井淳
カバー写真―小川孝行
製作進行――ダイヤモンド・グラフィック社
印刷――――八光印刷（本文）・慶昌堂印刷（カバー）
製本――――ブックアート
編集担当――田中裕子

©2014 Natsuko Shiraki
ISBN 978-4-478-02627-4
落丁・乱丁本はお手数ですが小社営業局宛にお送りください。送料小社負担にてお取替えいたします。但し、古書店で購入されたものについてはお取替えできません。
無断転載・複製を禁ず
Printed in Japan

感動のロングセラー！

マイクロソフトでは出会えなかった天職

僕はこうして社会起業家になった

ルーム・トゥ・リードCEO
ジョン・ウッド【著】
矢羽野 薫【訳】

「最悪の選択肢は、何もしないこと」。
そんな言葉で締めくくられた
1通のメールから
すべては始まった——。

偶然訪れたネパールの学校の
現状に衝撃を受け、
マイクロソフトの要職を捨てて
途上国の子供たちに学びの場を
届けるべく立ち上がった
社会起業家の物語。

2007年の発売以来、
多くの人々に爽快な感動を
運んできたノンフィクション。

四六判上製・300頁
定価（本体1600円+税）

ダイヤモンド社